Bij twijfel hard zingen

Volg onze auteurs en boeken ook online.

lsamsterdam

Francis van Broekhuizen

BIJ TWIJFEL HARD ZINGEN

UITGEVERIJ LUITINGH-SIJTHOFF

Voor Jacqueline

MIX
Paper | Supporting responsible forestry
FSC® C004378

Eerste druk, juni 2022
Vierde druk, juli 2022

Illustraties Francis van Broekhuizen
Omslagontwerp Pankra
Omslagbeeld Merlijn Doomernik
Opmaak binnenwerk Crius Group, Hulshout

ISBN 978 90 210 3052 4
ISBN 978 90 210 3057 9 (e-book)
ISBN 978 90 210 3058 6 (luisterboek)
NUR 320

www.francisvanbroekhuizen.nl
www.lsamsterdam.nl
www.boekenwereld.com

Uitgeverij Luitingh-Sijthoff vindt het belangrijk om op milieuvriendelijke en verantwoorde wijze met natuurlijke bronnen om te gaan. Bij de productie van dit boek is daarom gebruikgemaakt van papier waarvan het zeker is dat dit niet tot bosvernietiging heeft geleid.

Vissi d'arte, Vissi d'amore...
Ik heb geleefd voor de kunst, ik heb geleefd voor de liefde

(Uit de opera *Tosca* van Giacomo Puccini)

Inhoud

Voorwoord

Toen ik deze verhalen begon op te schrijven, had ik op deze plek zo'n algemene inleiding staan. Zo eentje van: *Bedankt voor de hulp die ik kreeg van mijn uitgever Tom en van mijn omgeving.* Mijn broer Dick, die op dit moment een proefschrift aan het schrijven is over een onderwerp in de kunstgeschiedenis, vertelde me dat zijn laatste taak het schrijven van de inleiding is. Maar dat vond ik heel gek. Ik ben namelijk van huis uit geen schrijver. Ik doe maar wat. Ik weet dat ik leuk kan vertellen. Het opschrijven is nog een heel ander verhaal.

Dus begon ik met dit boek zoals ik aan alles begin: bij het begin.

Allengs merkte ik iets bijzonders op: wanneer ik in de auto zat, of de slaap nog niet kon vatten, buitelden de herinneringen om elkaar heen in mijn hoofd. Dat waren de uitgekristalliseerde verhalen die ik al vaak had verteld in mijn voorstellingen, bijvoorbeeld 'Ideale', 'Oranje boven' en 'De Zuiderzeeballade', maar ook verhalen die door mijn vader of moeder werden verteld, verhalen over mijn kindertijd die dus eigenlijk meer van hen waren dan van mij. Toch zijn ze een heel groot onderdeel van mijn leven geworden. Ze gaan over gebeurtenissen die me mede hebben gevormd, en daardoor horen ze erbij.

En er zijn nieuwe verhalen bij gekomen tijdens het schrijven van het boek, over dingen die op dit moment grote indruk maken. De coronacrisis is niet te omzeilen. Daardoor is dit geen klassieke autobiografie geworden. In Amerika zou men over 'memoires' spreken. Maar dat vind ik dan weer een beetje hoogdravend klinken. Het is eerder een uitgebreide momentopname van waar ik me nu in mijn leven bevind. Met alle achtergronden die me tot nu zover hebben gebracht.

Toch wil ik graag mijn dank uitspreken naar een paar mensen die ervoor hebben gezorgd dat dit boek er nu ligt. In de eerste plaats natuurlijk mijn uitgever Tom. Hij was degene die me vanuit het niets belde en vroeg of ik dit boek wilde schrijven. Gedurende het hele proces heeft hij me het vertrouwen gegeven dat ik mijn leven zo kon optekenen. Ik ben heel erg blij dat ik via hem bij deze ontzettend goede, leuke en gezellige uitgeverij terechtgekomen ben.

Ook mijn familie komt alle eer toe. Ik wil mijn ouders en overige familieleden bedanken voor alles wat ze me in mijn leven hebben meegegeven. Mijn broer Dick wil ik speciaal noemen als het gaat over het schrijven van teksten. Hij zit vol handige tips. Hoe je moet beginnen. Dat je gewoon elke dag iets moet schrijven. Dat je altijd ook weer kan herschrijven. Dat niks te gek is, want je kunt het ook altijd weer schrappen.

Verder wil ik iedereen bedanken die meelas en me steun gaf op momenten dat ik even niet goed wist hoe ik het op moest schrijven, en ten slotte natuurlijk mijn lieve vrouw Jacqueline die me altijd steunt in alles wat ik doe. Of het nou gaat om concerten geven, opera's zingen, voorstellingen maken, tv-optredens doen of een boek schrijven, ze staat altijd achter me en geeft de juiste, soms ook kritische, maar altijd liefdevolle support. Daarom draag ik het boek met veel liefde op aan haar.

Bij twijfel hard zingen

Onlangs zat ik in het interviewprogramma *Adieu God?* van de EO. Ik was een van de gasten in een serie mooie gesprekken over het geloof tussen bekende Nederlanders en presentator Tijs van den Brink. De redactie had gevraagd waar ik het interview het liefst wilde geven. Meteen zei ik dat ik naar de oude parochiekerk van mijn ouders wilde, de Sint-Agnesparochie aan de Beeklaan in Den Haag. Het is een neogotisch gebouw dat vanbinnen nog steeds de sfeer van het oude rijke roomse leven ademt. Een prachtig altaar en mooie heiligenbeelden sieren het interieur. Mijn ouders zijn in die kerk getrouwd en ik ben daar als baby gedoopt. Mijn vader hield me na de doop omhoog om me aan alle aanwezigen te laten zien. Het moet precies hebben geleken op die scène uit de *Lion King* waarin het welpje Simba wordt getoond aan alle volgelingen van de Leeuwenkoning.

Op de dag van de opnames was het een hele tijd geleden dat ik in de kerk was geweest. Nieuwsgierig maakte ik een ronde om te kijken of ik nog dingen herkende. Aan de koster vroeg ik of ik ook even naar boven mocht, naar het orgel. In de katholieke kerk staat het orgel op de zogenoemde koorzolder. Dat is een hoog balkon achter in de kerk waar ook het zangkoor plaatsneemt tijdens de Heilige Mis. Het koor zingt alle vaste gezangen en tussenzangen, en de kerkgangers zingen mee. In vroeger tijden werden er door het zangkoor prachtige meerstemmige missen gezongen van verschillende beroemde componisten, zoals Mozart, Puccini, Perosi en Schubert. Mijn grootvader en vader waren allebei zanger geweest bij het herenkoor van de Agnesparochie. Ze hadden daar elke week gestaan en tijdens de preek werden er in het trapgat sigaren gerookt. Mijn vader zong zo mooi dat hij ook vaak de solo's voor zijn rekening mocht nemen. En hij vertelde altijd dat op het orgel een spreuk hing als motivatie tijdens de repetities: BIJ TWIJFEL HARD ZINGEN.

Toen ik zelf ging zingen, ervoer ik deze spreuk altijd als zeer behulpzaam, eerst in mijn eigen ontwikkeling en later bij zangleerlingen die wat schuchter waren. Met deze grappige zin kon ik ze laten lachen en meestal werkte het meteen om vocale problemen op te lossen.

Ik mocht inderdaad even naar boven lopen om te zien of het tegeltje met de spreuk er na al die jaren nog hing. En jawel hoor. Een klein wit tegeltje met een oud bruin lijstje eromheen. Het tekeningetje dat eronder stond verbaasde me wel enigszins, want het is een heel grappige cartoon: een stripfiguurtje zit op de wc met zijn broek op zijn knieën en de bladmuziek voor zijn neus op een standaard. Voor het eerst zag ik nu ook de letterlijke tekst, die mijn vader blijkbaar wat versimpeld had onthouden: IN GEVAL VAN TWIJFEL, HARD ZINGEN!

Ik ben blij dat ik de iets simpelere versie heb geconfisqueerd als mijn motto. En tegen iedereen die bij het zingen (of zelfs op andere momenten) weleens twijfelt, zou ik zeggen: probeer het eens. Hard zingen lucht altijd enorm op.

Do, re, mi...

Op een middag toen ik als vierjarige op de grond zat te spelen, kwam mijn vader de huiskamer binnen met een tas waarin videobanden zaten. In die tijd was dat het nieuwste van het nieuwste: een videorecorder. Papa had gekozen voor het merk Betamax en haalde video's bij een videotheek in de buurt.

Papa haalde een videoband uit de plastic tas. 'Cis, ga op de bank zitten, dit is echt iets voor jou!'

Ik ging naast papa zitten, want vanaf die plek had je ook goed zicht op de tv. Mijn moeder zat op de andere bank met een handwerkje. Ze vroeg aan mijn vader welke film hij had meegebracht.

'*The Sound of Music*!'

En prompt begonnen papa en mama te vertellen over de bioscoop uit hun jeugd: Eurocinema. Deze bioscoop had gestaan aan de Leyweg in Den Haag. *Lawrence of Arabia* had er gedraaid, en nog vele andere films, maar uiteindelijk ook de beroemde *The Sound of Music*. Superleuk natuurlijk, totdat dat zo'n succes voor de bioscoop bleek te zijn dat hij er minstens tien jaar lang te zien bleef. Al die tijd draaide er geen andere film.

'Sommige mensen hadden de film wel meer dan honderd keer gezien!' zei mijn vader opgetogen.

Nu konden we thuis deze klassieker zelf in de videorecorder schuiven en afspelen. De techniek stond voor niets.

Vanaf het moment dat Julie Andrews over de heuvels aan kwam lopen en begon te zingen was ik verkocht. Nog nooit had ik zóiets gezien. De prachtige technicolorkleuren, de geweldige muziek en liedjes, de kinderen, specifiek de kleine Gretl, de strenge kapitein Von Trapp, en het allermooiste: de nonnen in het klooster.

Mijn vader zat met ietwat vochtige ogen mee te kijken. Nadat we al zo'n twee uur hadden zitten kijken en de scène met de grote bruiloft was afgelopen, zag ik hoe een jongen de kerkklokken luidde door met zijn hele lijf aan stevige touwen te hangen. De jongen sprong op en neer en ik dacht dat de film afgelopen zou zijn. Op dat moment riep mijn vader: 'Goed opletten! Nu begint de film pas!'

En inderdaad: ineens sloeg de sfeer om. Er verschenen grote vlaggen met hakenkruizen in beeld en marcherende soldaten. Van lief en zonnig veranderde de sfeer in een uiterst grimmige stemming, ik kon het nog net behappen. De scène op de begraafplaats met de verstopte familie achter de grafzerken vond ik ontzettend spannend.

Na de vlucht van de familie en de aftiteling bleef ik stil op de bank zitten. alles was uiteindelijk toch nog goed gekomen. Mijn vader had helemaal gelijk gehad: dit was mijn film. Ik was instant verliefd geraakt op Julie Andrews. Haar stem liet me niet meer los. Papa moest de videoband daarna veel vaker huren.

Toen ik ouder werd kocht ik mijn eigen VHS-band. En later de dvd. Tegenwoordig staat de film op mijn iPad. Er is een tijd geweest dat ik hem ongeveer één keer in de week bekeek. Ik heb hem – ongelogen – meer dan honderd keer gezien. Net zoals die eerste bezoekers in de Eurocinema-bioscoop.

In een maillotje door de sneeuw

Dit verhaal kan ik me zelf helemaal niet meer herinneren. Maar ik vind het altijd heerlijk als mijn moeder het vertelt.

Mijn ouders woonden net in Wassenaar. Mijn broer Dick was vier en ik was twee jaar oud. Ik was een beetje lui en begon pas laat met lopen. Het liefst zat ik in de box of in de buggy. Mijn moeder bracht mijn broer elke dag naar de lagere school, een straat verderop. Het was elke dag een heel gedoe om eerst Dick klaar te maken met jas en das, en dan ook nog een peuter mee te nemen; je was zo een halfuur verder.

Op die bewuste ene dag was het heel koud en had het gesneeuwd. Mijn moeder keek in mijn ledikantje en zag dat ik sliep. Zou ze het aandurven mij te laten liggen en snel Dick even naar school te brengen, zonder mij? Normaal durfde mijn moeder dit soort dingen nooit, want er kon zomaar brand uitbreken of iets anders engs gebeuren. Maar ze vond het ook zonde om me wakker te maken. Als ze me liet liggen, kon ze snel zonder veel gedoe heen en weer. Het was immers maar een straat verder; ze zou binnen twee minuten terug zijn.

Mijn moeder en mijn broer gingen zachtjes de deur uit, en Dick werd snel afgeleverd op de kleuterschool. Daarna liep mijn moeder in haar eentje terug. Ze genoot van dat prachtige sneeuwlandschap. Het leek wel een kerstkaart. En ze was even helemaal alleen, zonder kinderen om haar heen. Een weldadig gevoel van rust maakte zich van haar meester.

Vlak bij ons huis zag ze een dwergje in de verte lopen. Was dat nou een kindje? Mijn moeder kneep haar ogen samen en zag inderdaad een kleine dreumes lopen, in alleen een truitje en een maillot. Wie laat nou zo zijn kind alleen buiten lopen in de sneeuw, vroeg ze zich af terwijl ze de hummel tegemoet liep. Een fractie van een seconde later zag ze dat ik het was. Mijn moeder schrok zich wild.

'Cisje!'

Ik was inderdaad het dwergje dat daar liep. Mijn moeder was stomverbaasd en probeerde meteen na te gaan hoe dit kon zijn gebeurd. Volgens haar had ik de deur horen dichtgaan en was ik wakker geworden. Ik had bij mezelf gedacht: waarom zijn mama en Dick me nou vergeten? Waarop ik zelf uit mijn ledikant was geklommen. Keurig zonder te vallen was ik de trap af gegaan en was dezelfde weg in geslagen die we elke dag liepen naar school en terug. Hoe was het toch mogelijk geweest dat juist op deze dag ik ineens niet zo lui bleek te zijn? Gelukkig was ik niet op mijn hoofd van de trap af gevallen of buiten overreden door een vrachtwagen.

Bekomen van de schrik en ziende dat alles goed met me was tilde mijn moeder me op en snelde terug naar huis, waar het heerlijk warm was bij de kachel. Ik kreeg een droge maillot aan en mijn moeder nam me sindsdien altijd mee als ze Dick naar school ging brengen.

Wees megroet, Maria

Toen ik klein was gingen we meestal buiten overdag op straat spelen. Ik liep dan vaak met mijn broer Dick mee. Hij is twee jaar ouder en had veel vriendjes. Toen ik vier, vijf jaar was liep ik altijd achter hen aan en probeerde de stoere jongens bij te houden. Sommigen hadden een skelter en anderen fietsten als een bezetene door de Wassenaarse dorpsstraten.

Op een dag mocht ik bij een van de vrienden van Dick achter op de bagagedrager gaan zitten. Ik was niet zo lenig, dus het duurde even voordat ik erop zat. Maar Guy – zo heette de vriend – zei me dat ik hem goed vast moest houden om zijn middel; dan zou ik er niet af glijden. Ik zat niet in de amazonezit op de bagagedrager, maar mijn benen bungelden langs het achterwiel. Hij fietste hard weg en ik sloeg mijn armen stijf om zijn middel. Mijn benen klemde ik ook strak...

Au-au-au-au-au! Daar zat mijn enkel tussen de spaken van het snel ronddraaiende achterwiel. We tuimelden van de fiets. Mijn enkel lag helemaal open en bloedde hevig.

Gelukkig gebeurde dit vlak bij huis. Mijn vader kwam naar buiten gerend, en vanaf dat moment kan ik me niet meer goed herinneren wat er precies gebeurde.

Pas een paar uur later, toen ik gestopt was met huilen en in een witte gipskamer zat in ziekenhuis Bronovo in Den Haag, keek ik naar mijn been. Het voelde nat en warm. Een verpleger bond zachtjes natte gipsverbanden om mijn voet en enkel. Hij ging almaar hoger met het verband, tot aan mijn knie, en na een paar windingen werd het gips steeds warmer om mijn been.

'Wees maar niet bang voor de warmte. Dat hoort erbij,' legde hij uit. 'Anders wordt het gips niet hard. Je enkel is gebroken, maar nu kan je been weer beter worden.'

Ik luisterde aandachtig, maar begreep er niet veel van. Ik herinner me alleen maar dat ik een beurs gevoel had.

'Ga eens staan,' zei de verpleger.

Ik kwam voorzichtig van mijn stoel. Mijn knie kon nog buigen, maar mijn enkel niet. Dat voelde heel gek.

'Onder je voet zit een ijzeren plaatje. Als je nou loopt, moet je je voet naar rechts draaien. Dan kom je makkelijker vooruit. Ik doe het even voor. Kun jij me nadoen?'

Ik deed de verpleger na, en zo liep ik weer een beetje. Mijn vader en moeder keken lief naar me en vroegen de verpleger hoelang het gips om mijn been zou moeten blijven zitten. Zes weken, dan zouden ze het er weer af halen. Ik kon wel wat jeuk krijgen, maar dat zou een goed teken zijn. 'Dat betekent dat je been geneest.'

Een paar weken later had ik totaal geen erg meer in mijn gipsen poot. Ik liep als een kievit en elke keer draaide ik mijn voet keurig naar rechts.

Deze dag zou het een heel leuke dag worden. We mochten met mama en papa mee naar een oud klooster, waar het vroegere hoofd van de middelbare school van mijn moeder woonde. Zuster Vergina was tijdens mijn moeders schooltijd altijd haar steun en toeverlaat geweest. Mijn moeder had op haar twaalfde haar eigen moeder verloren en moest vanaf die tijd voor haar twee jongere zussen en zichzelf zorgen. Opa was natuurlijk aan het werk en kon het huishouden niet helemaal alleen doen. Mijn moeder leerde dus jong al koken en schoonmaken. Een hele verantwoordelijkheid. Als mijn moeder met de bus helemaal naar de school in de binnenstad was gereden, kon ze soms ineens in paniek raken. Dan rende ze naar zuster Vergina om te vragen of ze weer naar huis mocht. Ze was dan bijvoorbeeld bang dat ze het gas nog aan had laten staan, of dat er een deur niet op slot was. Van de hoofdzuster mocht mijn moeder dan altijd even terug om het na te kijken. Kortom, mijn moeder had een zwak voor zuster Vergina.

We kwamen aan op de prachtige oprit van een mooi gebouw. Overal stonden mooie heiligenbeelden en ik had net van mijn moeder het gebed 'Wees gegroet, Maria' geleerd. Voor de katholieken onder ons is dit bekend. Bij het rozenkrans bidden bestaat het snoer uit rijen van tien kraaltjes, met daartussen steeds een enkel kraaltje. Deze 'tientjes' zijn voor het bidden van het Weesgegroet. Dat wordt tienmaal achter elkaar gebeden. Bij het enkele kraaltje volgt het Onzevader. Door deze gebeden steeds te herhalen kun je je gedachten tot rust brengen. Het is heel meditatief. Ik kende het gebed heel goed en vond het prachtig.

Dus toen zuster Vergina ons opwachtte en het klooster liet zien waar ze woonde, stond ik bij elk Mariabeeld dat ik zag even stil. Ik vouwde mijn handen en zei met een kleine kleuterslis: 'Wees *megroet*, Maria, vol van genade. De Heer is met u. Gij zijt de gezegende onder alle vrouwen, en gezegend is Jezus, de vrucht van uw schoot. Heilige Maria, moeder van God, bid voor ons zondaars. Nu en in het uur van onze dood, amen.'

Dat herhaalde ik wel vijf, zes keer, met die gipsen poot onder het heilige beeld. Heel serieus. Het moet een lief en koddig gezicht zijn geweest.

Mijn moeder keek vertederd toe en zocht de blik van haar oude schooljuf. Zuster Vergina schonk mijn moeder een tevreden blik terug. Zo'n blik die zegt: wat heb jij dat kind schitterend opgevoed! Mijn moeder glom ervan. Om mij te belonen zei zuster Vergina: 'Wat heb je prachtig gebeden. Zullen we even naar de keuken gaan? Dan vragen we om iets lekkers voor je.'

Toen deed ik iets wat mijn moeder nooit meer is vergeten en waar ze nog steeds heel trots op is. Ik zei namelijk deemoedig: 'Nee, dank u wel.' Want voor bidden hoefde ik geen beloning.

Die uiting van nederigheid van een kind van vijf met een gipsen beentje moet zuster Vergina aan het denken hebben gezet – hebben we hier een nieuwe kleine Bernadette Soubirous van Lourdes te pakken?

Ik werd meegenomen naar de keuken en kreeg toch iets lekkers, en een prachtige pop in een wiegje.

Twinkle, Twinkle, Little Star

Altijd als ik een viool hoorde wilde ik dat ook: viool kunnen spelen. Mijn broer Dick zat op pianoles, want muziek speelde een grote rol in ons leven. Mijn vader zong in het kerkkoor en was lid van een zangvereniging die open podia organiseerde waar men delen van opera's en liederen ten gehore kon brengen. Mijn moeder hield ook veel van zingen en dirigeerde graag in de lucht mee met grote symfonieën op de plaat. Mijn ouders vonden het allebei belangrijk dat hun kinderen een gedegen muzikale opvoeding kregen.

Toen ik zei dat vioolspelen me wel aansprak, stapten we meteen met z'n allen in de auto. We reden naar vioolbouwer Bouwman in Den Haag. Ik was zeven jaar oud en we woonden al vijf jaar in het chique dorp Wassenaar. Dat ligt aan de kust vlak bij Den Haag. In het centrum staan de huizen van de gewone mensen, maar in de wijk De Kieviten wonen de rijken van Nederland in kasten van huizen. Mijn vader was gezegend met een goed oog voor mooie panden en had door zijn werk als makelaar ons huis midden in het dorp gevonden. Wij waren niet rijk, maar woonden dan alsnog heel chique in Wassenaar.

In De Kieviten woonde een vioollerares die veel speelde in regionale orkesten en daarnaast privélessen gaf in samenwerking met The British School of The Hague. Er werd met de lerares gebeld en er werd een afspraak gemaakt. Ze kon nog best nieuwe leerlingen lesgeven. Voor mij was een kleine viool gehuurd, met bijpassende strijkstok en vioolkist, plus een schriftje met notenbalken, en ik werd door mijn vader naar een van de grootste en mooiste villa's gebracht die ik ooit heb gezien.

Bij binnenkomst moest ik wachten in de keuken, waar nog een leerling aan de keukentafel huiswerk zat te maken, maar na een halfuur mocht ik naar de leskamer, waar de vioollerares haar leerlingen de geheimen van het vioolspel en de klassieke muziek probeerde bij te brengen. De kamer was heel mooi ingericht met antieke meubelen en in de hoek stond een prachtige Steinway-vleugel met een geborduurde doek eroverheen, en daarop stonden dan weer allerlei snuisterijtjes die de lerares in de loop der jaren had verzameld: kleine cadeautjes van leerlingen die hun dankbaarheid wilden tonen, toitoitjes van eerder gegeven concerten, en er lag veel snoep.

De vioollerares heette mevrouw Grabowski, en zo sprak ik haar dan ook aan. Ze vroeg me om mijn vioolkist te openen en mijn viool eruit te nemen. Ik had thuis natuurlijk al geprobeerd geluid uit de viool te krijgen en ik wist hoe ik de viool moest vastklemmen tussen mijn kin en mijn schouder. Ik deed meteen voor hoe ik thuis had geoefend. Mevrouw Grabowski zei dat ik vast veel talent moest hebben, want nog nooit had een leerling dit al op de eerste les gekund. Ik kreeg wel een schoudersteun van haar, want die zag ze niet in mijn kist liggen en ik had hem nodig om de viool comfortabel vast te houden. Ik mocht met de strijkstok wat strijken over de snaren. Er kwam alleen een lelijk krakerig geluid uit. Het was net of iemand met zijn nagels over een schoolbord kraste. En het leek niets op wat ik van een violist op tv had gehoord. Mevrouw Grabowski zei me dat het vanzelf beter zou gaan klinken. Ik moest dan wel heel veel oefenen thuis.

Elke week ging ik naar les. Ik leerde noten lezen en streek heen en weer over de snaren. De klanken klonken inderdaad steeds mooier. Niet meer zo krasserig. Van ritme snapte ik niet heel veel, maar mevrouw Grabowski probeerde me het uit te leggen met behulp van taarten en taartpunten. Het leek op rekenen op school en daar snapte ik eigenlijk ook nooit iets van. Als ik de oefeningen goed deed, kreeg ik een snoepje van de schaal die op de vleugel stond. Na een paar maanden les en veel oefenen had ik eindelijk een liedje geleerd dat ik kon spelen: 'Altijd is Kortjakje ziek.'

Aangezien we alle lessen in het Engels kregen, heette het liedje nu 'Twinkle, Twinkle, Little Star'. Ik mocht tijdens het spelen de tekst meezingen en zo kon ik betrekkelijk snel al een echt muziekstuk laten horen. Mijn opa uit Den Haag was heel trots en begon me al Yascha Heifetz te noemen. Zo speelde ik op elke verjaardag en gelegenheid dit liedje.

Ik had al een hele tijd les, maar niemand had me ooit verteld dat je van vioolspelen pijn in je rug kreeg. En nieuwe liedjes instuderen was veel moeilijker dan ik had gedacht. Ik vond het enorm saai om elke keer die liedjes te moeten herhalen. Als ik geen les had en thuiskwam na school, ging ik dus niet meteen naar mijn viooltje toe. Nee joh. Ik ging eerst eens lekker huiswerk maken, of spelen met de Playmobil of Lego van mijn broers. Zo gingen de jaren voorbij en na wel zeven jaren van lessen volgen, soms onderbroken door concertreizen van mijn juf of een van haar zware verkoudheden wanneer haar lespraktijk wekenlang stil kwam te liggen, kon ik na al die tijd nog steeds maar één stukje heel goed spelen... 'Twinkle, Twinkle, Little Star'.

O kerstnacht schoner dan de dagen

Ik lig in bed te slapen, en droom over van alles en nog wat. Plotseling voel ik de hand van mijn moeder op mijn schouder. 'Cisje, wakker worden...'

Het is donker in mijn kamer, maar in de gang is het licht aan. In de deuropening staat mijn broer. Dick, in pyjama, wrijft slaperig in zijn ogen. Het is midden in de nacht.

Met een blij gevoel stap ik uit bed. Ik voel het koude zeil aan mijn voeten, pak mijn door mijn moeder gebreide beer Boomer mee en loop met mijn broer achter mijn moeder aan naar beneden. Van daaraf hoor ik al gepraat en gelach van mijn vader en van opa en oma. Ooooh wat gezellig! Papa is net terug uit de kerk. Hij heeft in het kerkkoor om twaalf uur de nachtmis gezongen. Hoe laat is het dan nu?

Beneden schuif ik op een eetkamerstoel en kijk om me heen. Het makelaarskantoor van mijn vader is gevestigd in de achterkamer van ons huis, maar nu, voor kerst, is het weer even de eetkamer. Het hele vertrek is mooi versierd en de eettafel is feestelijk gedekt met een wit damasten tafelkleed. De kerststukjes die we op school hebben gemaakt staan in het midden. Het mooiste servies is uitgestald en mama loopt heen en weer met lekkere broodjes voor het kerstontbijt. 'Rob, schenk jij even in?'

Terwijl papa de glazen volschenkt, komen er warme saucijzenbroodjes uit de oven. Het grote licht is uit en voor elk bord staat een eigen kerstkaarsje te branden. Het is al halftwee 's nachts en ik zit rillend van de kou te genieten van het nachtelijke kerstontbijt met mijn eigen familie. Wat is het toch fijn om katholiek te zijn.

Twee herinneringen aan mijn opa's

Mijn opa Van Broekhuizen was een wat eigenaardige man, de vader van vier kinderen, waarvan de jongste mijn vader is.

Rinus van Broekhuizen was heel eigenwijs, koppig en sterk gericht op zichzelf en op zijn vrouw Marie, mijn oma. Mijn moeder vertelde altijd dat dat kwam doordat opa een zwaar leven had gehad in zijn jeugd. Een heel, heel zwaar leven... Hij was als kleine jongen namelijk weggestopt in weeshuis Groenestein, aan de Loosduinseweg in Den Haag. Daar was hij als driejarig knulletje ondergebracht door zijn ouders, die gingen scheiden.

In de jaren tien van de twintigste eeuw was scheiden iets wat je niet deed. Het was een schande. Opa had twee zusjes, maar die gingen naar de meisjesafdeling van dat gesticht. Daardoor groeide hij alleen op tussen allerlei verschillende jongens en werd hij opgevoed door de katholieke paters van het huis. Ze aten 'maliebaan'. Wat dat voor eten was kon mijn opa niet goed uitleggen, maar het was in elk geval heel vies en groen geweest. Hij werd bovendien gepest en op 5 december kreeg hij nooit cadeautjes. Daarom had hij een hekel aan 'Seniekolaas' – zo sprak mijn opa dat altijd uit op z'n Haags.

De enige lichtpunten in zijn bestaan waren het bespelen

van de mandolocel – een soort mandoline, maar dan wat groter – en het spelen in de toneelvereniging. Dat vond hij prachtig en hij was er naar eigen zeggen ook heel goed in. Wij vroegen hem vaak naar zijn belevenissen. En ook als we er niet om vroegen kon hij zomaar ineens beginnen te vertellen over zijn successen in toneelstukken met schitterende maar rare titels, zoals *De man die Sint-Nicolaas zag* en *Het gouden recht*. Deze stukken waren zogenoemde melodrama's. 'Want komedie spelen,' zei opa, 'dat ken iedereen. Tragedies spelen, dat is pas moeilijk! En ik ben daar heel erg goed in!'

Opa vertelde dat hij een keer een prachtrecensie had gekregen na het spelen van *Het gouden recht*. Dat stuk ging over twee broers die vochten om een nalatenschap. In het decor hing een groot portret van hun overleden moeder. Ze was gestorven tijdens het kraambed van de jongste broer, gespeeld door mijn opa. In de sleutelscène van het toneelstuk kregen de broers ruzie met elkaar en schoot de oudste broer de jongste dood. De oudste schreeuwde dan dramatisch naar zijn jongere broer, mijn opa: 'Gij Theophilus, gij hebt mijn moeder vermoord!' Daarop richtte de collega-acteur een pistool op mijn opa. Normaal zaten daar losse flodders in. Na het lossen van het fatale schot stortte mijn opa dan dramatisch neer op het toneel. Maar op een avond haperde het pistool. De acteur die moest schieten begon te improviseren en dacht de theatrale misser te kunnen compenseren door flink met de kolf van het pistool op opa's achterhoofd te meppen. Mijn opa was nog nooit zo prachtig dood neergevallen.

De volgende ochtend aan het ontbijt las mijn opa met een groot wit verband om zijn hoofd de volgende recensie: 'Van Broekhuizen benadert het beroepstoneel!'

Ook mijn andere opa Van Stekelenburg – de vader van mijn moeder – was verzot op theater. Zijn vertelkunsten waren in de wijde omtrek bekend. In Den Haag speelde hij vele jaren voor Sint-Nicolaas. Dat was een rol waarin hij al zijn kwaliteiten kwijt kon.

Toen mijn vader voor het eerst bij hem over de vloer kwam als nieuwe verkering van mijn moeder, bekeek opa hem met argwaan. Maar hij vroeg ook naar zijn kledingmaten. Het was namelijk al november en de nieuwkomer in het gezin leek een goede kandidaat voor het hoofdpietenpak. Dat pak heeft mijn vader ook daadwerkelijk jaren gedragen. Ik zie het nog steeds voor me; het was rood en zwart, met fluweel en satijn. De muts had een rand met prachtige veren. Daaraan zag je dat hij de hoofdpiet was, want geen van de andere mutsen had zo'n mooie rand. Met de cape om, de bisschopsstaf in de hand en het grote rode boek onder de oksel geklemd liep mijn vader mee in de groep pieten die mijn opa omringden.

Toen Dick en ik – en later mijn broertje Tim – klein waren, zaten wij natuurlijk op schoot bij Sinterklaas, onze opa. En we geloofden heilig in hem. Maar naarmate we groter werden en mijn vader vanwege zijn werk niet mee kon doen en mijn stiefoom hoofdpiet was geworden, zagen we soms dingen die ons wel heel bekend voorkwamen. Opa's ogen hadden namelijk dezelfde twinkeling als die van Sinterklaas. En de hoofdpiet had precies dezelfde schoenen als ome Paul, maar dan met rode strikken in plaats van de gewone zwarte veters.

Ik was zeven, acht jaar oud toen mijn moeder het grote geheim onthulde: opa was Sinterklaas. Gek genoeg geloofde ik vanaf die dag dat de echte Sinterklaas niet uit Spanje kwam, maar dat mijn opa de echte Sinterklaas was, die gewoon op de Koningin Emmakade woonde in Den Haag. En wij moesten dat dan geheimhouden voor alle andere kinderen. Zo konden we nog lang mee in het lieve kinderlijke geloof in Sinterklaas.

Een paar jaar later werden wij ook ingelijfd in het pietenlegioen van opa. Hij had een paar fluwelen pakken in een kleine maat en zodra je daarin paste, mocht je mee. We kregen de pakken thuis en werden door onze moeder geschminkt en omgekleed. Opa kwam ook naar Wassenaar, met alle spullen van de sint. Omdat hij veel moest voorbereiden en, zoals hij het zelf onder woorden bracht, 'het best werkte onder druk', kwam hij vaak op het laatste moment aan. Hij kleedde zich dan bij ons in de achterkamer om tot sint, met de gordijnen dicht.

Die metamorfose was altijd prachtig. Eerst de schmink om hem nog ouder te maken dan hij al was. Soms had hij ook nog plastiek rond zijn neus om de vorm een beetje te veranderen. Ten slotte kwamen natuurlijk ook nog de snor en de baard. Dat waren de lastigste onderdelen, omdat de lijm niet altijd goed meewerkte en de snor dan weer kon loslaten. Maar als het allemaal goed zat, ging de paarse tabberd aan met daarover de witte albe, het witte priesterkleed. Daaroverheen kwam dan de rode mantel met de rode stola. En uiteindelijk zette hij de grote mijter op zijn hoofd. Na de goudkleurige staf in zijn gehandschoende handen te hebben genomen, met de bisschopsring om zijn ringvinger, stond opa daar dan in vol ornaat en was hij het echt: Sint-Nicolaas.

Opa zat direct in zijn rol en praatte meteen met een donkerder stem. Hij sprak zijn woorden rustig, doordacht en wijs uit. Het mooiste was als hij op een grijze decemberdag even langs de buren ging om gedag te zeggen. Zijn kleding wapperde in de wind terwijl hij met de staf liep en zijn mijter vasthield. Voor de ramen gaf hij de bisschoppelijke zegen aan de buren en liep weer door. Het was een eenzaam, prachtig en machtig gezicht. Mijn vader, mijn moeder, mijn broers en ik bekeken hem met veel ontzag.

Ik hou niet van mensen die God in hun zak hebben zitten

Het was een doordeweekse dag op de lagere school. Ik zat op de Sint-Bonifaciusschool in Wassenaar. Ik was zeven jaar oud en had net mijn eerste heilige communie gedaan. Het hoofd van de school kwam plotseling de les binnen en vroeg of hij even mocht storen. Er was namelijk een vraag binnengekomen van het nonnenklooster naast de school. Daar woonden negen zusters. De orde heette Penitenten der Eenheid en was een klein onderdeel van de Franciscaanse orde. Elke dag werd natuurlijk de mis gevierd en de zusters hadden een paar misdienaars nodig.

'Wie van jullie zouden zich daarvoor willen opgeven?' vroeg ons schoolhoofd meneer Wensveen.

Ik stak als eerste mijn vinger op. Twee jongens deden hetzelfde.

Meneer Wensveen schreef onze namen op en zei ons dat we ons na school moesten melden bij zuster Eleonora. Zij was kosteres in het klooster en begeleidde de nieuwe misdienaartjes. We konden om halfvier aanbellen bij de grote voordeur van het klooster.

Zo gezegd, zo gedaan. Op de afgesproken tijd belden we aan. Na enkele ogenblikken deed een non de deur open. Zij was de eerste echte kloosterzuster die ik zag, want verder kende ik zusters alleen uit mijn lievelingsfilm *The Sound of Music*. Zuster Elisabeth had een bruine jurk aan met een kruis om haar hals. Ze droeg een grijze sluier met witte rand. Haar voeten staken in keurige zwarte schoenen met lage hakken en ze droeg nette, huidkleurige kousen. Zuster Elisabeth had een lief gezicht. Ze sprak ons aan met een accent dat ik kende van de familie van mijn moeder. Die kwamen namelijk uit Brabant. De zachte g van zuster Elisabeth was onmiskenbaar dezelfde zachte g als die van onze tante Corrie uit Roosendaal.

We werden naar een spreekkamer in de hal gebracht en moesten even wachten. Ene zuster Eleonora zou ons komen ophalen en alles uitleggen. Na vijf minuutjes verscheen, in precies eenzelfde bruine jurk met grijze sluier, zuster Eleonora om ons mee te nemen naar de eerste verdieping in het niet al te grote klooster. Daar was de kapel.

Toen ik de kapel binnenstapte had ik meteen door dat ik daar niet te hard moest praten of lachen. De ruimte was niet groot. Als je binnenkwam zag je meteen recht voor je het grote hoofdaltaar staan met daarachter nog een altaar, met daarop het tabernakel; dat is een soort kast waarin de hosties (het heilige brood) worden bewaard. En in de rooms-katholieke traditie is dat het allerheiligste in de kerkruimte, of in dit geval de kapel. Het gaat immers om het lichaam van Christus. Ik had dat allemaal net geleerd in de lessen ter voorbereiding op mijn heilige communie. Boven het tabernakel stond een groot kruis met een houten corpus erop – een beeld van Jezus die aan het kruis is genageld.

Met een rustige pas liepen we langs de stoeltjes in de kapel achter zuster Eleonora aan naar een deur naast het altaar en het tabernakel. Daar was de sacristie, de ruimte waar de priester zijn kazuifel aantrekt en de misdienaars hun pijen. Daar worden ook de spullen voor de eucharistie bewaard: de gouden kelk voor de wijn en de schalen voor de hosties. In elke rooms-katholieke mis wordt namelijk het laatste avondmaal herdacht en dan krijgt iedereen een stukje brood en een slokje wijn: het lichaam en het bloed van Christus. Die kelken en schalen zijn altijd bijzonder mooi versierd, omdat het brood en de wijn met de grootste eerbied behandeld moeten worden.

Zuster Eleonora was een lieve en rustige vrouw met een grote uilenbril. 'Wat fijn dat jullie er zijn,' zei ze. 'Hoe vaak zouden jullie kunnen komen in de mis? Dan maak ik een schema. En misschien hebben jullie binnenkort een middag beschikbaar om wat te oefenen.'

Ik zei dat ik alle dagen tijd had. De mis was toch voordat we naar school moesten.

Uiteindelijk werd ik ingedeeld op dinsdag-, vrijdag- en zondagochtend voor de hoogmis. Ik leerde hoe je brood en wijn aangaf aan pater De Haan. Hoe je moest knielen. Hoe je de communie moest uitreiken. Ik diende op alle hoogtijdagen. Dus ik was er met Kerstmis, Pasen en Pinksteren. De goede week voor Pasen was het fijnst, omdat er dan veel te dienen viel. Je begon op Palmzondag, waarop het verhaal werd verteld over Christus die Jeruzalem binnenreed op een ezeltje en met palmtakken welkom werd geheten. Daarna kwam Witte Donderdag. In de katholieke kerk is dat eigenlijk de belangrijkste dag van het liturgische jaar. Dan wordt namelijk het verhaal verteld van het laatste avondmaal – hoe Jezus zijn leerlingen voor het eerst brood en wijn geeft en zegt dat dat zijn lichaam en bloed zijn. In de katholieke kerk is dat het belangrijkste moment in de mis: het veranderen van brood en wijn in het lichaam en bloed van Christus, oftewel de transsubstantiatie.

Na een paar jaar mocht ik op Goede Vrijdag ook als lectrice optreden. Dat betekende dat ik samen met pater De Haan en een van de zusters het passieverhaal voorlas. Daarna volgden de aanbidding van het kruis en het weghalen van het allerheiligste uit het tabernakel. Vervolgens was de hele kapel helemaal ontmanteld tot aan de eerste paasdag, waarop we vieren dat Christus uit de dood verrijst. Het voelde altijd kaal en eenzaam als de kapel er zo uitzag.

Deze weken waren vol rituelen en ook vol gezelligheid na de vieringen met de zusters in de refter. Als dank voor onze hulp kregen we grote dozen met chocoladepaashazen en eieren.

Met Kerstmis was het helemaal feest. Dan mocht ik samen met zuster Yacintha kerstliedjes spelen tijdens de mis, ik op mijn viool, zij op haar blokfluit. Zuster Yacintha was niet groter dan één meter twintig. Haar habijt was speciaal op maat gemaakt. Ze was de meest flamboyante non van het stel. Ze ging er vaak op uit op haar aangepaste fiets. Ook kwam ze wekelijks op kalligrafieles bij mijn moeder. Schoonschrijven was echt een hobby van haar. Daarnaast kon ze prachtig zingen. Het meest hield ze van Russisch-orthodoxe muziek.

Ooit kwam zij zingend bij mijn moeder binnen met een grote icoon in haar handen. Doordat ze zo klein was leek het of de icoon met de beeltenis van de heilige Maria binnen kwam zweven. Prachtig vond ze het om dat zo te doen. Mijn moeder en ik genoten er ook van; het was magisch en geestig tegelijk.

Een andere keer bracht zuster Yacintha een cadeau voor

mijn moeder mee. Ze wist van mijn moeders Mariabeeldenverzameling en verraste haar met een kleinood, verpakt in een mooi kartonnen doosje. Mijn moeder maakte het open... Ze wist niet wat ze zag. Het was een prachtig gesneden Mariabeeldje. Mijn moeder was er dolblij mee. Vol eerbied vroeg ze aan zuster Yacintha of het gemaakt was van ebbenhout.

Zuster Yacintha antwoordde droog: 'Het is gemaakt van drop!'

De tranen biggelden over onze wangen van het lachen.

In al die jaren dat ik aan huis kwam bij de zusters had ik gek genoeg nooit het gevoel dat het geloof of religie en vragen daarover me werden opgedrongen. Soms vergezelde ik mijn vader en moeder naar de grote kerk verderop. Dat was de parochiekerk, en zo ongeveer iedereen die katholiek was, ging daar naar de mis. Mijn vader zong in het kerkkoor en mijn broer Dick was er misdienaar. (Daar mochten alleen jongens misdienaar zijn.) Natuurlijk was er ook een pastoor; hij preekte elke mis. Als klein kind vond ik zijn preken maar moeilijke en vaak onbegrijpelijke verhalen. Het duurde ook zo lang en je kreeg houten billen in de kerkbanken.

Bij de zusters werd er niet zoveel gepreekt, zeker op doordeweekse dagen niet. Daar duurden de missen ongeveer een halfuur en werd er alleen gebeden en gezongen, en brood en wijn uitgedeeld.

Toen ik ouder werd en de preken in de grote kerk beter ging begrijpen, kwam ik tot de conclusie dat deze cultuur niet paste bij mijn eigen geloofsbeleving. Ik vond het maar vreemd dat de pastoor ons regels voorhield die voor hem niet golden. Niet dat ik hem nou zo goed kende... maar het feit dat hij nogal uit de hoogte deed en dan sprak over deemoedigheid ging er bij mij bijvoorbeeld niet in.

Ik legde dergelijke twijfels op een dag voor aan zuster Eleonora, nadat ik mijn pij had opgehangen aan het daarvoor bestemde haakje. Zuster Eleonora luisterde lief naar wat ik zei en zei toen: 'Geloven in God is iets heel persoonlijks. Iedereen doet dat op zijn of haar eigen manier. Ikzelf hou niet van mensen die God in hun zak hebben zitten. Probeer altijd open te staan voor iedereen en laat anderen in hun waarde. Zo proberen wij hier met de mensen om te gaan.'

Een ander moment dat ik ook nooit meer zal vergeten met deze lieve zusters had te maken met een mooie film over de heilige Sint-Franciscus. Deze film is echt een aanrader. Hij gaat over het leven van deze heilige en is prachtig gefilmd door de Italiaanse regisseur Zeffirelli, die ook opera's regisseerde met Maria Callas in de hoofdrol. De kostuums zijn prachtig en de slotscène met Alec Guinness als paus Innocentius de Derde is gewoon een plaatje en tegelijkertijd een les in nederigheid.

Stel je een paar arme sloebers voor in de middeleeuwen, gekleed in bruine pijen met capuchon. Franciscus gaat met zijn vrienden vanuit Assisi blootsvoets op stap naar het Vaticaan. Ze willen de paus vragen of ze een nieuwe kloosterorde mogen stichten. Ze komen aan en vertellen over hun ideeën en over de armoede waarin ze vol vreugde leven. Jezus deed dat immers ook en vroeg dat van de mensen. Franciscus staat in deze scène in een grote, prachtige zaal vol kardinalen die aan de zijkanten zitten, gekleed in bont en behangen met de mooiste juwelen. Boven hen zit dus de paus met zijn tiara op zijn hoofd in een enorme pausenmantel bedekt met diamanten. De paus is zo onder de indruk van de lieve, nederige verschijning van Franciscus dat hij zich ineens bewust wordt van hoe hij erbij zit met zijn kardinalen. Hij ziet ook in dat het instituut kerk ineens heel ver verwijderd is geraakt van wat Jezus te vertellen had en wat nu weer wordt verwoord door die eenvoudige Franciscus. De paus stapt dan uit zijn mantel, loopt de trappen af, knielt op de grond en kust de voeten van Franciscus.

Deze film heet *Brother Sun, Sister Moon*. Mijn vader had de band weten te huren bij de videotheek en hij nodigde op een middag alle zusters bij ons thuis uit om te komen kijken. Ze waren per slot van rekening franciscanessen. Moeder-overste zuster Bonifacia had het goed gevonden, en daar zaten ze dan met z'n allen. Halverwege de film kregen ze een glaasje advocaat met slagroom en ze genoten van de film. Daarna gingen ze helemaal blij en met roze wangen terug naar het klooster, om nog heel lang na te genieten van deze prachtige 'bioscoopervaring' bij ons thuis.

Toen ik vijftien was en al jaren bij de zusters over de vloer kwam, wilde ik het liefst bij hen gaan wonen, zozeer voelde ik me bij hen thuis. Ik was dol op hen.

Ik heb zelfs gevraagd wanneer ik bij hen zou mogen intreden. De moeder-overste en de andere zusters keken me heel lief aan, maar waren ook zo verstandig om te zeggen dat ik nog even moest wachten. Het leeftijdsverschil was wel erg groot, en dan zou ik als enige voor hen moeten gaan zorgen wanneer zij oud en krakkemikkig zouden worden. Dat wilden ze me niet aandoen. Daarnaast moest ik eerst nog gewoon wat ouder worden en gaan studeren. Als ik echt roeping zou hebben, zou dat zeker nog wel blijken.

Gelukkig kenden ze mij toen beter dan ik mezelf kende. Ik bleek inderdaad een heel grote roeping te hebben. Alleen lag die op een totaal ander vlak.

Dzjobs

Dzjobs Ising was zangpedagoge. Mijn vader had les van haar. Ze was het prototype van de strenge klassieke-zanglerares die overal verstand van denkt te hebben. Ook van dingen buiten haar vakgebied.

Ik was vijf jaar oud en had net mijn eerste boekje leren lezen, een 'Botje-boekje'. Mensen van mijn leeftijd kennen deze boekjes nog wel. Voor degenen die ze niet kennen: het zijn kleine, vierkante boekjes met een paar dikke kartonnen bladzijden. Op elke bladzijde staan vier regels die goed te lezen zijn voor kinderen uit de eerste klas. Het was een hele serie met allerlei verschillende verhaaltjes. En het specifieke Botje-boekje dat ik had leren lezen heette: *Vuur in het bos*.

Dzjobs was bij ons op donderdagavond voor de wekelijkse zangles van mijn vader. Daarna hadden we gezamenlijk gegeten. Mijn moeder zette koffie en vertelde trots over mijn vorderingen op school. Ze vroeg of ik niet even aan mevrouw Ising kon laten horen hoe goed ik al kon lezen; dat kon nog wel even vlak voor mijn bedtijd.

Daar stond ik in het midden van de huiskamer in mijn pyjama. Ik hield het boekje vast en las voor: 'Vuur, vuur in het bos... Kabouter Pim loopt door het bos... Het vuur komt steeds dichterbij... O, o, o...'

Ik las het zo goed mogelijk voor. Dzjobs zat op de bank en keek me met priemende ogen aan. Ze was een slanke vrouw van toen al tegen de tachtig met blond, getoupeerd haar dat ze opstak. Haar ogen waren heel lichtblauw en keken je onderzoekend aan. Ze droeg geen gewone kleding maar draperieën – mooie rokken met sjaals met kwastjes eraan; daaronder keurige schoenen met een hakje. Ze had mooie, slanke handen met verzorgde nagels en ze droeg veel armbanden, waarvan er eentje heel opvallend was: een gouden slang die in een paar slagen om haar pols lag, met prachtige groene smaragden als oogjes.

Terwijl ik bezig was, zei Dzjobs ineens met luide stem: 'Kind! Dat staat er helemaal niet!' En ze griste het boekje uit mijn handen.

Ik snapte er niks van. Hoe kon er nou niet staan wat ik net had voorgelezen?

Dzjobs zette haar leesbril op. 'Ik zal je even voordoen hoe het er staat,' zei ze.

En daar begon ze. Onder het voorlezen keek ze steeds op uit het boek en ze droeg de tekst voor alsof het een monoloog uit een tragedie van Shakespeare was. Ze sprak eigenlijk niet, maar zong de woorden met pathos en luide stem: 'Vuuuuuur, Vuuuuuur in het bos!!! Ooooooooo! Neeeeeeeeeeeeeeee!!!'

Zo leerde ik op vijfjarige leeftijd het verschil tussen voorlezen en voordracht.

Koningin van de Nacht

Mijn muziekleraar op de middelbare school was een soort hippie. Hij had lang haar en een kaal hoog voorhoofd. Hij speelde piano en gitaar, en kon ook drummen. De lessen waren altijd erg leuk en hij liet vooral popmuziek horen. De Beatles, de Stones... Maar op een gegeven moment kon hij er blijkbaar niet onderuit om ook eens een klassieke componist te behandelen.

Die dag vertelde hij over het leven van Wolfgang Amadeus Mozart. Daar wist ik al het een en ander van. Mijn vader zong namelijk vaak aria's van Mozart, vooral die van Papageno uit *Die Zauberflöte*. De melodieën bleven enorm hangen en dagen later floot je nog mee met de beroemde Vogelfänger-aria. Maar die middag bij de muziekles zette mijn leraar een andere aria op uit de beroemde opera. Hij vertelde dat deze aria heel bijzonder was, omdat het een van de moeilijkste stukken was om te zingen. De noten waren onmenselijk hoog. De leraar zette een cd op, en voor het eerst hoorde ik de stem van Cristina Deutekom uit de boxen schallen: '*Der Hölle Rache kocht in meinem Herzen, Tooooood und Verzweiflung!*' – uit de eerste aria van de 'Koningin van de Nacht'. Wat een geluid kon er komen uit een mens! Op het moment dat ik die enorm hoge noten hoorde en Deutekom die loepzuiver en trefzeker de lucht in hoorde schieten, als een soort vocale mitrailleur, dacht ik: zou ik dit ook kunnen?

Dat een mens zulke geluiden kon produceren was toch wel wonderbaarlijk. Na school ging ik snel naar huis en zocht in de cd-collectie naar de cd met de highlights van *Die Zauberflöte*. Ik wist dat we die hadden, omdat mijn vader altijd met de aria's van Papageno meezong.

Ik zette de cd op en klikte naar de track met de grote aria... En daar waren die klanken weer, uit de keel van een andere sopraan. Haar naam weet ik niet meer, maar ze zong net zo krachtig en haar hoge noten waren loepzuiver. Gelukkig was er niemand thuis. Ik draaide de volumeknop steeds hoger en haar stem schalde door de kamer. Doordat de aria op *repeat* stond, hoefde ik niks meer te doen. Ik hoefde alleen maar te luisteren en al na een paar keer begreep ik hoe de melodie ging en begon ik mee te neuriën. Ik haalde het boekje uit de cd-box en keek of de tekst van de aria erin stond. Nee... Hè, wat jammer nou... Ik liep naar mijn vaders attachékoffer en maakte hem open. Yes! Daar lag het klavieruittreksel van Mozart boven op allerlei andere bladmuziek. Nu kon ik zien hoe de noten eruitzagen en hoe de tekst daarop meeliep. Ik schakelde op de cd-speler naar het begin van de aria, zette in en zong mee. Dat ging lang niet slecht. Daar kwam de eerste loop naar de hele hoge f. Ik haalde hem – wauw!

Door het raam zag ik de auto voorrijden: papa en mama kwamen thuis. Gauw stopte ik alles weg en deed of mijn neus bloedde.

Zo heb ik wekenlang als iedereen weg was – om boodschappen te doen of wat dan ook – meegezongen met de cd. Ik wist namelijk niet of ik goed genoeg was en durfde mijn zingen ook niet in zo'n beginnend stadium te laten horen aan wie dan ook.

Naast de aria uit *Die Zauberflöte* zong ik ook altijd een ander stuk mee met een cd. Dat kwam uit de *Matthäus Passion* en was het duet 'So ist mijn Jesus nun gefangen'. Ik zong dan de hele sopraanpartij met alle coloraturen en versieringen die zo typerend zijn voor barokmuziek.

In de tijd dat ik al deze muziek instudeerde was ik me als 4-mavo-leerling aan het voorbereiden op de jaarlijkse reis naar het buitenland voor de vierde en vijfde klassen. Ik zat op het Adelbert College in Wassenaar en deze scholengemeenschap herbergde mavo, havo en vwo. In de laatste jaren van de schooltijd mocht elke afdeling een bijzondere reis maken. Mavoleerlingen gingen op survivaltocht, havoleerlingen maakten een stedentrip naar Parijs en de vwo'ers bezochten Rome. Ik was niet sportief, maar wel heel katholiek en ik hield van kunst en cultuur. Mijn broer Dick was het jaar ervoor naar Rome geweest en was thuisgekomen met de schitterendste verhalen over prachtige gebouwen en lekker Italiaans eten. Dat wilde ik ook meemaken.

Omdat bij onze school alle schoolrichtingen in één gebouw waren, kon ik gemakkelijk langs bij de leraar Latijn en vroeg of ik hem even kon spreken. 'Klopt het dat mavoleerlingen niet naar Rome mogen?' vroeg ik hem.

'Nee hoor,' zei hij. 'Daar zijn helemaal geen regels over. Als je duizend gulden betaalt en je bij mij opgeeft, ga je gewoon gezellig met ons mee.'

Ik keerde opgetogen terug naar huis en vertelde dat ik me had opgegeven voor de reis. Duizend gulden was veel geld, maar mijn ouders stemden toe: als ik een deel zelf kon verdienen, legden zij de rest erbij. Mijn broer Dick had dat het vorige jaar ook zo gedaan met een bijbaantje. Dan leerden we meteen de waarde van geld en dat je zelf meer verantwoordelijkheid kreeg voor zoiets bijzonders als een grote reis. Zo heb ik die zomer voor de Romereis een aantal weken schoongemaakt in een ander klooster in Wassenaar, dan het klooster waar ik normaal de mis diende. Daar leerde ik schoonmaken met groene zeep en kopjes koffie zetten met opgeschuimde melk. Ten slotte ontving ik een envelop met wel vijfhonderd gulden. Ik kon de helft van die grote Romereis betalen!

Vlak voordat we vertrokken, was er op school een informatieavond met diavertoning. De leraar Latijn wilde vooraf een idee geven van wat er allemaal te zien zou zijn in die prachtige eeuwige stad. In de koffiepauze tussen al die dia's door zette één van de vwo-leerlingen een cassetterecorder neer met een tape vol hippe muziek. Daar luisterden we naar de tophits van die tijd. We stonden te luisteren en vertelden elkaar over onze favoriete muziek. Sommige van die vwo'ers had ik leren kennen op de toneelvereniging van school; en daardoor was voor mij de drempel helemaal niet zo hoog geweest om als enige mavoleerling mee te gaan. Sterker nog, we hadden de grootste lol met elkaar. En ineens wilde ik hun mijn favoriete opera aria laten horen.

In mijn tas zaten mijn walkman en het bandje waarop de aria met de gigahoge noten van Mozart stond, en nog meer klassieke muziek. Ik weet niet waarom ik het zei, maar ik vroeg of ik mocht laten horen waar ik mee bezig was geweest. Thuis had ik nog niet de gelegenheid gehad om het te laten horen, maar nu leek het een geschikt moment en ik stopte het bandje in de cassetterecorder. Iedereen luisterde naar de muziek waar ik nu al weken mee bezig was geweest, en ik zong de hoge passages mee. Mijn medeleerlingen reageerden verbaasd, maar niet afwijzend. Integendeel, ze vonden het heel cool dat ik dit kon.

De leraar Latijn had van een afstandje staan luisteren en vroeg aan het eind van de pauze of ik dit misschien ook in Rome kon laten horen tijdens de bonte avond in het antieke amfitheater in Ostia Antica. Ik zei dat ik dat wel kon doen. Ik zou mijn walkman en het cassettebandje meenemen.

En daar ging ik, naar Rome. Voor het eerst in een vliegtuig. Ik vond het heel spannend, maar naast me zat een vriendin die me vertelde wat er zou gebeuren. Zij had al vaker gevlogen. Die keer vond ik het al een beetje eng, maar ik had nog niet de vliegangst die ik later zou ontwikkelen nadat ik de ramp op 9/11 in New York live op televisie had gezien. Nu ging ik voor het eerst naar Italië.

Het werd inderdaad een week vol met prachtige kunst en cultuur. We gingen naar het Forum Romanum, naar het Colosseum. We zagen de prachtige beelden van Bernini in de Villa Borghese. We aten het heerlijkste ijs dat ik ooit had geproefd bij de ijstent *Giolitti*.

Ik zag de Trevifontein en we gingen naar de Spaanse Trappen. De ene dag liep ik mee met onze catecheseleraar. Deze leraar gaf les op alle afdelingen, dus iedere leerling op school kende hem. Het was een heel geestige man, die in een vorig leven zelf nog priester was geweest. Hij was er alleen uit gestapt omdat hij verliefd was geworden. Inmiddels was hij al jaren getrouwd en had hij twee dochters, maar hij gaf nog steeds vol vuur en vooral met veel humor godsdienstlessen op alle afdelingen. Dus als je een dag wilde lachen, ging je met hem op excursie.

Maar soms was ik ook echt benieuwd naar de achtergrond

van een gebouw of een mooi beeld, en dan was het beter om mee te gaan met de leraar Latijn. Die kon prachtig vertellen en wist enorm veel over alles wat er in Rome te zien was.

Op de tweede dag gingen we met een groep samen met hem naar het Pantheon, het oudste nog bewaard gebleven gebouw uit de tijd van de Romeinen, nu een katholieke basiliek. Maar in vroeger tijden was het een tempel om meerdere goden te vereren. Van de voorkant zie je het timpaan met zuilen staan en daarachter rijst een enorme koepel de hemel in. Het gebouw dateert uit 27 v.Chr. en werd gebouwd onder het consulaat van Marcus Agrippa. We liepen het enorme bouwwerk binnen en wat meteen opviel was de lichtstraal die naar binnen scheen door een groot rond gat midden in de koepel – de oculus. De leraar vertelde allerlei wetenswaardigheden en wij leerlingen stonden om hem heen. Na een tijdje wendde hij zich tot mij en zei: 'Jaren geleden was ik hier met een andere groep. Er kwam een echte Italiaanse *mama* binnen met twee boodschappentassen in haar handen. Ze ging in het midden staan, zette de tassen neer en begon toen zomaar ineens prachtig te zingen. Nou zou ik aan jou willen vragen, Francis, of jij ook voor ons in dit prachtige eeuwenoude gebouw iets kunt zingen.'

Impulsief zei ik ja, en ik begon meteen te zingen. Ik koos het duet uit de *Matthäus Passion*. En nee, natuurlijk kon ik in mijn eentje geen duet ten gehore brengen, ik zong de mooie melodielijn van de sopraan. Terwijl ik bezig was, verzamelden zich tientallen toeristen om onze groep heen. Als vijftienjarige was ik altijd een beetje stijfjes gekleed. Het flamboyante dat mensen nu van mij kennen, had ik toen nog helemaal niet. Ik stond keurig stil met mijn handen gevouwen voor mijn middel en zong de muziek van Bach. De akoestiek in het Pantheon was prachtig en mijn stem was nog jong, maar klonk als een klok.

Na afloop waren de andere leerlingen en de leraar Latijn apetrots dat ik het had gedurfd en de toeristen klapten en lachten naar me. Het was de eerste keer dat ik in het openbaar zomaar solo zong.

De rest van de week zong ik overal en nergens kleine stukjes, en soms kregen we daardoor als groep gratis kopjes cappuccino. De week ging veel te snel voorbij, en ondertussen had ik mijn medeleerlingen veel moeten uitleggen over katholieke gebruiken en Latijnse teksten die ik kende vanuit mijn katholieke opvoeding. Dat ik als enige mavo'er tussen al die vwo'ers rondliep viel helemaal niet meer op.

Ik voelde me zelfs zo vrij dat ik op de terugreis in de bus van Schiphol naar school vroeg of ik iets tegen de groep mocht zeggen. Ik bedankte iedereen voor het welkome gevoel dat ze me hadden gegeven. Ik had me echt een lid van de groep gevoeld. We hadden zoveel plezier gehad en zo vaak de slappe lach gehad. Naast alle prachtige dingen die we hadden mogen zien was dat voor mij het meest dierbare van de reis geweest. Maar er moest me ook nog iets van het hart, een kleine kritische noot. Voor vwo-leerlingen wisten ze wel erg weinig van Latijn en de Italiaanse kunst en cultuur. Dat kon toch echt veel beter. Gelukkig snapten ze mijn ironische toon en we moesten weer vreselijk lachen met z'n allen.

Ik kwam helemaal uitgelaten thuis, vol met verhalen over dit geweldige avontuur. En natuurlijk vertelde ik ook dat ik overal in Rome had gezongen.

Mijn vader en moeder keken verbaasd op. 'Wat heb je dan allemaal gezongen?'

Ik vertelde dat ik wekenlang had geoefend samen met de cd. Over de aria van de 'Koningin van de Nacht' en over de *Matthäus Passion*.

Mijn ouders waren na al mijn verhalen erg benieuwd naar wat ik kon. Kon ik die lastige aria's echt zingen? Er was meteen gelegenheid om dat te testen, want die avond kwam Dzjobs Ising, de zangpedagoge van mijn vader, samen met pianist Paul en Rob, een zangvriend van mijn vader. Ik kon voor hen zingen en Dzjobs zou dan wel beoordelen of ik talent had.

Ik luisterde naar mijn ouders en hun gasten terwijl er kopjes koffie en koekjes werden geserveerd. Altijd als zulke repetities bij ons thuis waren, was het superdruk en gezellig. Er werd eerst veel gepraat voordat de muziek aan bod kwam. Tijdens het repeteren gaf Dzjobs aanwijzingen en bepaalde het uiteindelijk te zingen repertoire. Onderwijl werd er veel gelachen om de leuke uitspraken en verhalen van Paul, een chique heer die werkzaam was als hoge ambtenaar en als hobbypianist de zangers altijd begeleidde.

Nadat mijn vader en Rob hun aria's hadden gezongen, vroeg ik of ik iets mocht voorzingen. Het moment was daar om aan mijn ouders en aan hun muzikale vrienden te laten horen wat ik had ingestudeerd.

Paul zat nog aan de piano en ik zette de muziek voor zijn neus. Hij begon met het intro en meteen hoorde ik in mijn hoofd de cd-opname waarmee ik had geoefend. Ik zette de eerste noten in van de aria en daar vloeide de muziek uit mijn keel. Ik voelde de noten gaan, en op het moment dat ik die hele hoge coloratuurnoten zong keek ik de kamer rond. Mijn vader en moeder waren stomverbaasd, maar ook trots. Hun vriend Rob, met wie ik later mijn liefde voor Callas zou delen, glimlachte breed. Ik durfde niet goed te kijken naar Dzjobs. Voor haar was ik altijd bang geweest, maar nu deed ik iets waar zij ook van hield, namelijk zingen. Vanuit mijn ooghoek keek ik naar haar gezicht. De Dzjobs die leerlingen liet ophouden tijdens het zingen en hen dan altijd streng van repliek diende. De Dzjobs die Alma Mahler nog had gekend. De Dzjobs die concertzangeres was geweest en alle grote concertzalen van binnen had gezien. Dzjobs zat daar... met open mond in opperste concentratie te luisteren. Ik zong de aria uit en daar klonken de laatste woorden '*Hört, Rache Götter!*' alsof ik al jaren de rol van de Koningin van de Nacht op het toneel had gezongen.

Nadat Paul was uitgespeeld bleef het even stil. Daarna barstte mijn kleine publiek van vijf uit in applaus en gejuich. Dzjobs keek me aan en stelde allerlei vragen. Wanneer had ik dit ingestudeerd? Waarom deze aria? Hoe had ik zo goed leren timen? En waar kwam mijn goede dictie vandaan?

Ik probeerde het allemaal zo goed mogelijk uit te leggen. Mijn ouders haalden ook nog de leuke verhalen uit Rome aan en zeiden dat ze helemaal niet door hadden gehad dat ik hiermee bezig was geweest.

Dzjobs zei tegen mijn ouders – in het bijzonder tegen mijn vader, die haar zangleerling was: 'Jouw dochter is een fenomeen!'

Tegenover mij was ze direct de strenge zangpedagoge voor wie ik altijd een beetje bang was, toen ze zei: 'Als je maar weet dat je alles van míj hebt geleerd!'

Caelestis Urbs Jerusalem

Toen ik twaalf was, en mijn broers Dick en Tim veertien en zeven waren, kregen mijn ouders het idee om samen met enkele familieleden een familiekoor op te richten. Het koor bestond uit de leden van ons gezin, de zus van mijn moeder, een tante en een oom, en de beste vriend van mijn vader, die verkering had met de stiefbroer van mijn moeder.

Elke zondagavond werd er gerepeteerd in onze huiskamer. Ome Joop zat aan de piano en dirigeerde. We zongen van alles: 'Moon River' uit de film *Breakfast at Tiffany's*, missen van Lloyd Webber, Franz Schubert, en natuurlijk al het gangbare kerstrepertoire. Alles meerstemmig. De repetities waren zoals altijd gezellig en druk, met hapjes en drankjes toe.

Na een aantal maanden repeteren mochten we tijdens de kerstperiode een keer optreden in de naburige kerk. Ook begonnen we een jaarlijkse traditie door op kerstavond in een bejaardenhuis in Katwijk te gaan zingen. Dat hielden we ongeveer vijfentwintig jaar vol.

Onze muzikale onderneming viel op bij onze dorpsgenoten. Een van hen was penningmeester bij het Cuypers Genootschap, een vereniging die zorg draagt voor de neogotische bouwwerken van Pierre Cuypers, de architect van onder andere het Rijksmuseum en het Amsterdamse Centraal Station.

In 1997, toen ons familiekoor al een paar jaar bestond, kregen we van dit genootschap een bijzondere uitnodiging voor de viering van het lustrumjaar, die in Keulen zou plaatsvinden. Het Cuypers Genootschap wilde graag de Dom bezoeken. Cuypers was namelijk ook op bezoek geweest bij de in aanbouw zijnde Dom in Keulen en had daar veel geleerd van de kerkarchitectuur. De feestdag zou bestaan uit een bezoek aan diezelfde Dom van Keulen met een uitgebreide excursie en een gezellig Duits diner. Om het bezoek op te luisteren wilde het gezelschap in de Dom muziek laten klinken die zou worden uitgevoerd door ons familiekoor.

Het stuk was een achtstemmig koorwerk van de Nederlandse componist Alphons Diepenbrock: 'Caelestis Urbs Jerusalem', een polyfoon koorstuk dat zeven minuten duurde. 'Caelestis Urbs Jerusalem' werd geschreven voor de viering van Cuypers' zeventigste verjaardag. Diepenbrock zelf noemde het 'een gelegenheidsstuk'. De compositie, op tekst van een hymne die was bestemd voor het inwijdingsfeest van een kerk, werd op 16 mei 1897 voor het eerst ten gehore gebracht. De huldigingsplechtigheid vond toentertijd plaats in de voorhal van het Rijksmuseum te Amsterdam, een van Cuypers' bekendste scheppingen.

Deze opdracht aan ons koor vonden we een grote eer. We zouden ook een leuke dag hebben met elkaar als familie. En wat nog mooier was: we konden de koorpot spekken met maar liefst 700 gulden. Ons geluk kon niet op!

We wilden ons van onze beste kant laten horen, dus de repetities begonnen meteen. Er was nog ongeveer een halfjaar om dit technisch moeilijke stuk onder de knie te krijgen. Daarnaast hadden we wat vocale support nodig en dus riepen we de versterking in van een leraar van mijn middelbare school, twee zangvriendinnen van de Vrienden van de Zangkunst, de zangvereniging waar mijn vader al jaren lid van was en de professionele koordirigent van de naburige parochie, een man met lang haar die was gespecialiseerd in transcendente meditatie. Hij was een nogal zweverige, neurotische man, maar kon wel goed dirigeren. Onze eigen dirigent, ome Joop, zou nu lekker meezingen.

Elke week studeerden we hard op onze partijen. We hadden sessies met de nieuwe dirigent in de kerk, waar we aan een holle akoestiek konden wennen. We zouden namelijk in een van de zijbeuken van de grote Dom in Keulen moeten zingen.

Na zes maanden buffelen waren we er klaar voor. We gingen op pad met het Genootschap. Met ons koor en het Genootschap stapten we in een tourbus voor een drieënhalf uur durende reis naar Keulen. We waren opgetogen. Uitgenodigd worden om te zingen in het buitenland, dat overkwam alleen de beste koren! We voelden ons erg artistiek en onze roem zou na dit optreden steeds groter worden. Mijn moeder was wel een beetje nerveus, maar de rest van het familiekoor wimpelde al haar bedenkingen weg. Wat kon er nou misgaan?

In Keulen stapten we de bus uit en we verzamelden ons voor de prachtige Dom. We konden mee met een bijzondere excursie, die ons naar plekken zou leiden waar nog nooit iemand was geweest, of we konden in een *Konditorei* gebak gaan eten met heerlijke koffie erbij. Mijn moeder en een paar zangvriendinnen durfden niet de hoge steigers op langs de Dom waar altijd gewerkt en gebouwd werd en waar de excursie ons overheen zou voeren, dus die gingen koffiedrinken. Maar de rest van ons koor ging mee om alle geheimen van de Dom te ontdekken.

De excursie duurde twee uur en bracht ons op plekken waar gewone bezoekers niet zomaar kwamen. Zo konden we komen boven de gewelven vlak onder het dak van de kerk. We hadden nooit kunnen bevroeden dat daar in die krochten schitterende toiletten gebouwd waren voor de bouwvakkers die continu in de gewelven moesten werken. We liepen daarna op griezelige hoogte over steigers buiten de domkoepel. Onze dirigent zei dat hij het liefst zou willen vliegen, maar Dick en ik hielden hem net op tijd tegen. We zagen hoe knap de bouwers te werk gingen bij de restauratie van de beroemde Dom.

Ondertussen raakte mijn moeder opnieuw gespannen voor het optreden, dat om zes uur zou plaatsvinden. We hadden concertkleding bij ons en mijn moeder wilde van tevoren graag in de kerk kijken waar we ons zouden kunnen omkleden. Dus terwijl wij langzaam naar beneden kwamen van de excursie, was mijn moeder al op onderzoek uitgegaan. Ze was daarbij een zogenoemde 'Eerbied in Gods Huis'-man tegengekomen. Deze mannen zijn dienaren in de kerk die met collectebussen op hun buik geld ophalen voor de kerk en de orde bewaren onder de vele toeristen. Mijn moeder vroeg hem op haar meest charmante toon waar er een ruimte was om ons om te kleden. We waren immers helemaal uit Holland gekomen om op te treden voor het Cuypers Genootschap. De man keek mijn moeder nors aan en zei: '*Heute wird nicht gesungen, heute ist beichten bis acht Uhr!*'

Mijn moeder probeerde nogmaals uit te leggen dat er maanden geleden al was afgesproken dat er een heel gezelschap uit Nederland was gekomen voor de jubileumuitvoering van het Cuypers Genootschap, met muziek waar we zes maanden voor hadden gerepeteerd. De man vertrok geen spier en keek op zijn horloge.

Op dat moment kwamen wij, die de Dom van onder tot boven hadden bekeken, uitgelaten aan bij mijn moeder. We schrokken van haar bleke gezicht en vroegen wat er aan de hand was. Moeder legde uit dat we niet konden zingen in verband met het biechten. Daar snapten we niets van. Alles was toch goed geregeld?

We vroegen aan iemand van het Genootschap hoe het nou zat. Deze man zei dat alles inderdaad goed was afgesproken met *Herr Dom Vicar* en dat we gewoon klaar moesten gaan staan in de zijbeuk die was aangewezen voor de uitvoering. Hij zou ondertussen op zoek gaan naar de brief waar alle afspraken zwart op wit in stonden, zodat we die konden tonen aan de norse collectant-ordebewaker.

Zo gezegd, zo gedaan. We drentelden maar een beetje rond en wipten van de ene voet op de andere. We konden ons niet omkleden en we moesten al binnen een halfuur zingen... Zo hadden we ons het optreden niet voorgesteld.

Na tien minuten wachten kwam er weer iemand van het Genootschap naar ons toe. Alles was geregeld! Maar we moesten nú naar de zijbeuk gaan. Daar zat iedereen klaar om te luisteren. Ons koor liep op een drafje naar de aangewezen plek. De dirigent zette de lessenaar klaar en het koor ging in een halve cirkel om hem heen staan. De stemvork kwam uit zijn binnenzak en ons optreden begon.

In de grote Dom klonken onze stemmen heel mooi. We begonnen goed en naarmate we verder kwamen in het stuk, werden we steeds zekerder. Toeristen kwamen luisteren en binnen enkele ogenblikken stond er een grote groep mensen om ons heen en werden er heel wat foto's gemaakt. Zo moest het voelen om beroemd te zijn...

Zoals gezegd duurde het stuk zeven minuten. Maar na vijf minuten zag ik vanuit mijn ooghoek ineens een 'Eerbied in Gods Huis'-man op de dirigent af komen rennen. Het volgende moment haalde hij met een rechtse directe hoek uit naar de kaak van onze dirigent, die op de eeuwenoude kerkvloer met reliëfs viel. Ook zijn lessenaar viel om en wij zagen dat als in slow motion gebeuren. De leraar van onze middelbare school die als versterking meezong gooide zijn muziek op de grond en stortte zich op de aanvaller. Er ontstond een gevecht. Een deel van het koor bleef met open mond naar het gebeuren staan kijken. Een paar andere zangers kregen de slappe lach en weer een paar anderen probeerden de vechtende mannen uit elkaar te halen. De toeristen, wier luisterervaring bruut was onderbroken, kwamen naar ons toe om ons te steunen. Een Duitse man sloeg een kruisje en zei: '*Ich schäme mich daß ich katholisch bin.*' Er waren nog meer EIGH-mannen gekomen om hun collega te helpen en zij duwden ons met zachte dwang de kerk uit.

Verbijsterd en een ietwat over onze toeren liepen we naar een naburige worstkraam. Een van onze koorleden riep nog dat de heren die ons eruit hadden gegooid nooit welkom zouden zijn in de Dom te Utrecht, maar hij werd niet serieus genomen. We gingen na of onze dirigent gewond was geraakt, maar dat viel mee. Het was meer de schrik die ervoor zorgde dat hij een ober omverliep, die de consternatie verder vergrootte door een dienblad vol bestek te laten vallen.

Onverrichter zake en gedesillusioneerd keerden we terug naar de tourbus en samen met het Genootschap gingen we weer op weg naar huis. Dat was dan ons eerste buitenlandse kooravontuur! Die envelop met de 700 gulden maakte iets goed van het doorstane leed.

Weer thuis raakten we niet uitgepraat over de gebeurtenissen in Keulen. Maar we moesten ook erg lachen om alles wat er was voorgevallen, en iedereen vertelde zijn eigen versie van het verhaal.

Onze dirigent met het lange haar diende voordat hij naar huis ging nog even een factuur in voor bewezen diensten. We bekeken de factuur en konden de envelop met de 700 gulden ongeopend aan hem doorgeven – daar ging ons zuurverdiende geld.

Na een paar dagen was de rust weergekeerd. We zaten thuis rustig met het gezin tv te kijken toen ineens de bel ging. Daar was de penningmeester van het Cuypers Genootschap, degene die ons had benaderd voor het concert. Hij wilde uitleggen wat er nou precies was gebeurd.

Hijzelf had inderdaad een brief in zijn binnenzak gehad waarin de afspraken over het optreden in de Dom stonden. Maar toen mijn moeder de man aansprak die er niets van wist, was de penningmeester bezig met de afrekening met de excursieleider. De berekening werd opgemaakt op de achterkant van de belangrijke brief, die vanaf dat moment was gereduceerd tot een notitieblaadje en opgevouwen werd teruggestopt in de binnenzak van de penningmeester. Toen zijn collega's van het Genootschap naarstig naar de brief zochten, was hij niet in de buurt. Wij begonnen met het concert en de penningmeester zat in de zijbeuk te luisteren. Daar werd hij getuige van het vuistgevecht. Hij schrok zo dat hij fysiek onwel in elkaar zakte, en op dat moment dacht hij ook niet meer aan de brief in zijn binnenzak. Zodoende waren we de kerk uit gezet, terwijl hij door zijn medegenootschapsleden met eau de cologne werd bijgebracht. Hoe kon hij ons ooit nog onder ogen komen?

Mijn moeder stelde hem gerust. Het was toch een heel bijzondere dag voor ons geworden, een dag die we van ons leven niet meer zouden vergeten.

Er verscheen een glimlach op het bleke gezicht van de penningmeester en hij had nog een voorstel: bij wijze van goedmakertje mochten we nog een keer het stuk ten gehore brengen voor het Genootschap. Maar dat optreden zou nu gewoon in Nederland plaatsvinden, in Kasteel de Haar. Of we daarvoor zouden voelen?

We antwoordden met een volmondig ja. Weer een dag gratis uit, en met de kans dat we het stuk dan helemaal tot aan het eind uit zouden kunnen zingen!

Callas forever

Het is bijzonder om te beseffen hoe iets of iemand zo belangrijk heeft kunnen worden in je leven, en dat door puur toeval.

In mijn familie werd altijd veel tv-gekeken: voetbal, praatprogramma's, heerlijke showavonden met Ron Brandsteder, *In de hoofdrol* met Mies Bouwman, de sterrenshow met Willem Ruis – wij keken vroeger naar alles. Zo was er ook het programma *Klasgenoten*, met Koos Postema als presentator. Tegenwoordig is er een soortgelijk programma: *Het mooiste meisje van de klas*. Het enige verschil met het programma van Postema was dat hij met een groep mensen sprak die in de schoolbanken hadden gezeten met een bekende Nederlander (al bestond de term 'BN'er' toen nog niet). Postema sprak met hen over de beroemdheid, die daar zelf bij zat; en passant kwamen er ook verhalen van de klasgenoten los. Ze vertelden wat er van hen geworden was. Het was een heerlijk programma en we keken er thuis graag naar.

Op een avond was er een heel bijzondere groep mensen aan de beurt. Leerlingen van de toneelschool vertelden hun verhaal. Het was een klas met meer dan één beroemdheid. Voor de vorm was er toch één uitgelicht: Ramses Shaffy. Deze man was alles ineen: zanger, acteur, chansonnier, levenskunstenaar – kortom, de ultieme artiest. Bij hem in de klas hadden ook de acteurs Piet Römer en Sigrid Koetse gezeten. Als docent kwam ook nog de vermaarde actrice Mary Dresselhuys aan het woord.

Op een gegeven moment kwam de aandacht op de actrice Sigrid Koetse. Zij speelde in die tijd de rol van Maria Callas in een gelijknamig toneelstuk van de Franse schrijver Jean-Yves Picq, een grote monoloog over het bewogen leven van Callas. Ze spraken erover, en om de mensen thuis nog even in herinnering te brengen wie die Callas ook alweer was, lieten ze een fragment zien van Maria Callas zelf. Daar stond ze... Zwart-witbeelden van Callas die in een zwarte jurk naast een orkest stond met een vriendelijk lachende dirigent. Ze begon te zingen...

Ik wist niet wat me overkwam. Die stem... Ik voelde een traan over mijn wang lopen, terwijl ik nog niet eens doorhad wat ik nou precies hoorde. Maar dat warme geluid, die prachtige muziek en ook het ontzettend mooie gezicht van die vrouw... Ik was diep onder de indruk.

Op de tv gingen de klasgenoten weer verder, en Ramses Shaffy zong 'Het is stil in Amsterdam'. Eerlijk gezegd hoorde ik dat al niet eens meer, want ik zag almaar die mooie vrouw in zwart-wit voor me.

Toen het programma was afgelopen vroeg ik aan mijn ouders of zij die zangeres kenden? Ze zong zo mooi. Wat voor aria was dat geweest?

Mijn moeder vertelde over Maria Callas, die in de jaren zestig en zeventig zo ongeveer de beroemdste operazangeres was geweest. Er waren veel schandalen rondom haar geweest. Ze had een relatie gehad met Aristoteles Onassis, de rijke scheepsmagnaat, die later weer getrouwd was met Jackie Kennedy. Mijn moeder was vroeger fan geweest van Jackie Kennedy en plakte toen foto's van haar in haar schoolagenda, terwijl Callas bekendstond als een grillige diva.

Mijn ouders hadden diverse lp's van Callas in de kast staan.

'Rob, zet even zo'n plaat op voor Cis? Die met Tosca, die is mooi!' zei mijn moeder.

En prompt ging mijn vader in de kast met platen zoeken naar de box waarin de platen met Callas zaten. Hij zette 'Vissi d'arte, vissi d'amore' op, uit de opera *Tosca*. Een beetje krakerig begon de plaat te draaien en daar was hij weer: die prachtige, warme, donkerbruine stem, die als hij de hoogte in ging een ongelooflijke kracht bezat. Ik luisterde alsof ik betoverd was. Deze stem maakte emoties bij me los die ik nog niet eerder had gevoeld.

Vanaf dat moment wilde ik alles van Callas weten. De kleine flarden die mijn moeder had genoemd over haar leven hadden me hongerig gemaakt naar meer verhalen over haar. Wat had ze dan voor leven gehad, en waarom was ze zo beroemd geweest dat er toneelstukken over haar werden geschreven?

Nu hadden mijn ouders een goede vriend Rob, die ze hadden leren kennen via de zangvereniging van mijn vader. Deze Rob was er ook bij geweest op de avond dat ik voor het eerst de aria van de 'Koningin van de Nacht' had gezongen.

'Je moet gewoon een keer langsgaan bij Rob,' zei mijn moeder. 'Als er iemand veel over Callas weet, is hij het wel. Hij heeft haar ook in het echt horen zingen. Je vader en ik zijn toch een keer bij hem wezen eten? Nou, aan de muur hingen prachtige posters en foto's van Callas. Zal ik hem even voor je bellen? Misschien vindt hij het leuk om over haar te vertellen.'

Zo gezegd, zo gedaan. Mijn moeder belde Rob en ik mocht op een woensdagmiddag na school met de bus naar hem toe in het centrum van Den Haag. Rob was in de vijftig en werkte als genealoog. Hij vond het heerlijk om dingen uit te pluizen en was enorm precies. Ooit was hij instrumentmaker geweest bij de TU in Delft en dat precieze kwam overal in terug, ook als het ging om Maria Callas.

Rob liet me binnen op die bewuste middag en ik kwam in een gezellige huiskamer, met inderdaad aan de muren prachtige ingelijste operaposters met de beeltenis van Maria Callas. Weer werd ik getroffen door haar schoonheid. Ze had een bijna antiek Grieks gezicht, als van zo'n beeld uit de oudheid: een grote neus, grote amandelvormige ogen en een grote brede mond met prachtige tanden.

Terwijl Rob koffiezette in een percolator vertelde hij meteen honderduit over Callas. Hij had haar ooit een keer gezien in het Concertgebouw in Amsterdam. Ze had natuurlijk geweldig gezongen daar. Hij had haar toen ook nog van dichtbij kunnen zien bij de artiesteningang terwijl ze wegging na het concert. En hij had bloemen gebracht bij haar appartement aan de Rue Georges Mandel in Parijs. Hij had in de jaren zestig via een vriend kennis met haar gemaakt. Toen hield hij nog niet van opera. Hij was gek op Rita Reys (die hij grappend 'Rita Radijs' noemde), maar de stem van Callas greep hem bij de strot en Rita was hij meteen vergeten.

Callas, zo legde Rob uit, was degene geweest die de opera had veranderd, en meteen dook hij zijn boekenkast in om zijn plakboeken te pakken, dikke albums vol krantenknipsels die hij in de loop van de tijd had verzameld. Zij was degene geweest die naast het prachtige zingen ook levensecht kon acteren. En dat was heel bijzonder voor een operazangeres. Hij bezat ook een verzameling lp's en heel veel boeken over Maria Callas. Meteen zette hij een plaat op van *La Traviata* om te laten horen waarom zij zo bijzonder was. Hij legde uit dat Callas, anders dan alle andere operazangeressen, de betekenis van de tekst zo kon uitdrukken in haar zang dat je meteen geloofde wat je hoorde, ook al verstond je geen woord van de taal waarin ze zong. Callas had een open stem, vertelde Rob. Hij was er als amateurzanger altijd jaloers op geweest dat Callas zo ogenschijnlijk makkelijk de moeilijkste noten en coloraturen kon zingen.

De middag bij Rob ging snel voorbij en het duizelde me van alle verhalen. Ik moest maar snel eens terugkomen, zei Rob. Hij vond het enig dat er weer iemand enthousiast was over zijn grote idool, en hij kon nog veel meer van haar laten horen.

Vanaf die dag was ik niet alleen in de ban van Callas, maar had ik ook de vriend van mijn ouders enigszins ingepikt. Ik was dol op Rob! Ik ging regelmatig, soms zelfs wekelijks langs bij hem. En elke keer was het reuze gezellig en heerlijk om over Callas te praten. Rob was mijn eigen Callas-vriend geworden. Deze dierbare vriendschap heeft geduurd tot aan zijn dood in 2019.

Rob droeg zijn kennis van Callas op mij over, en doordat ik zelf ook boeken, cd's en platen begon te verzamelen, ging ik steeds meer van Maria Callas houden. Op het obsessieve af. Ik luisterde elke avond naar een opera op mijn cd-spelertje. Het liefst de opera's van Puccini, die nog steeds mijn lievelingscomponist is. *Tosca*, *La Bohème*, *Madama Butterfly*, *Turandot*. En terwijl ik luisterde, las ik de eenvoudige maar smeuïge biografie (die van Arianna Stassinopoulos) keer op keer opnieuw.

Ik kocht een boek waarin alle data waarop Callas haar verschillende rollen had gezongen precies werden genoemd, want ik had bij Rob geleerd dat haar uitvoeringen per jaar heel verschillend konden zijn. Zo had ze in 1953 een opname van *Tosca* gemaakt die bekendstond als de beste van die opera ooit. Maar echte Callas-liefhebbers vonden de opname van *Tosca* uit 1964 véél beter. Die keer was Callas' stem nog doorleefder en leek ze bijna niet te zingen, maar eerder te praten op een zangerige manier. Ik kocht beide uitvoeringen. Die uit 1964 in het Londense Covent Garden bezorgt me na al die jaren nog steeds kippenvel. Rob kwam vaak met oude videobanden aan om ze voor me af te spelen; er was helaas maar weinig beeldmateriaal van haar. Gelukkig stond de tweede akte van *Tosca* met Callas op een van deze banden. Toen ik mijn grote idool voor het eerst zag spelen en zingen, was ik helemaal verkocht. Alle elementen die opera zo bijzonder maken, kwamen bij elkaar. Haar manier van acteren was zo natuurlijk dat je inderdaad vergat dat er gezongen werd, maar tegelijkertijd waren de muziek en de zang zo prachtig dat ik in een andere wereld terechtkwam.

Dit wilde ik ook! Ik wilde worden zoals zij. Ik wilde ook groots en meeslepend zingen en spelen. Hoe ik dat moest aanpakken, daar had ik geen idee van. Het enige wat ik vanaf die dag deed was meezingen met Callas op alle cd's die ik had verzameld. Ik zong alle aria's mee die zij zong, van Bellini tot Verdi tot Puccini. Ik kreeg wel een beetje pijn in mijn keel bij grote, zware aria's. Dus toen bedacht ik dat het misschien wel slim zou zijn om zangles te nemen. Les nemen bij Dzjobs Ising, de zangpedagoge van mijn vader, durfde ik niet goed, maar bij de Albert Heijn vond ik een briefje op het mededelingenbord met alleen de tekst 'zangles'. Daaronder stond een telefoonnummer.

De volgende dag belde ik het nummer en kreeg ik een warme stem aan de lijn met een Slavisch accent. De lerares was een operazangeres uit Bulgarije. We spraken af dat ze mij de komende jaren tijdens mijn studie maatschappelijk werk zangles zou gaan geven. Samen met de kunst van Callas zou zij me de weg wijzen naar het operatoneel, een wereld die me tot de dag van vandaag fascineert en betovert.

En die lieve Rob mis ik nog elke dag. Maar ik blijf hem mijn leven dankbaar voor alles wat hij me heeft meegegeven over ons grote idool Callas!

Zanglessen

Op mijn achttiende ging ik studeren. Was ik nog zo jong toen ik naar het conservatorium ging? Die vraag wordt me vaak gesteld. En dan vertel ik altijd dat ik eigenlijk maatschappelijk werkster ben, gespecialiseerd in ouderenzorg.

Dat was de studie die ik volgde na mijn middelbare school. Ik zong inderdaad veel, maar net zoals zingen een hobby van mijn vader was, zo zou het dat ook voor mij zijn. Natuurlijk had ik in de bus van Wassenaar naar Den Haag naast mijn studieboeken ook altijd muziekboeken in mijn tas, of biografieën van Maria Callas. Maar ik ging keurig naar de Haagse Hogeschool, want ik wilde graag hulpverlener worden. Om dit te begrijpen moet ik even terug in de tijd.

In mijn jeugd hadden we als gezin hulp gehad van een geweldige maatschappelijk werkster, Fem. Mijn jongste broer Tim had namelijk een taal-ontwikkelingsstoornis en hij werd behandeld in een instelling waarvoor hij een tijdlang uit huis moest worden geplaatst. Hij was toen vier jaar oud en ik was negen. Mijn oudste broer was elf. Dat mijn broertje Tim uit huis moest was voor ons gezin een heftige ervaring waarin we zo goed mogelijk werden begeleid door een maatschappelijk werkster.

Zij was gespecialiseerd in systeemtherapie. Wij gingen

als gezin met haar in gesprek. Natuurlijk werd er het meest gesproken met mijn vader en moeder, maar ook mijn broer en ik mochten zo nu en dan mee. Dan vertelden wij hoe het met ons was en hoe het thuis ging. Ik voelde me als negenjarige heel serieus genomen. Op de terugweg namen mijn vader en moeder in de auto met ons door wat er allemaal was besproken. De oefeningen die we opkregen om thuis nieuwe patronen door te voeren in ons dagelijks leven deden we ook consciëntieus.

Ik zal een voorbeeld geven. Doordat mijn broertje niet goed kon praten, maar wel brabbelde, begrepen wij vaak niet wat hij wilde of wat hij nodig had. Later vertelde hij dat hij toen dacht dat wij allemaal gek waren; waarom begrepen wij niet wat hij zei?

Door alle problemen met communicatie werd mijn broertje soms heel driftig; hij veranderde in een onhandelbaar kind. Dat bracht chaos in huis. Simpele dingen werden lastig. Afwas stapelde zich op en doordat iedereen moe was en niemand er na een driftbui van mijn broertje zin in had, werd het natuurlijk een zooitje in de keuken. Van Fem kregen we de opdracht een schema in de keuken op te hangen. Daarop kon iedereen lezen wanneer en met wie hij de afwas moest doen. En er waren ook vrije avonden. 'Daar kun je dan extra van genieten,' zei Fem. Tijdens het afwassen konden we met elkaar praten. Ik sprak nu eens met mijn vader, dan weer met Dick, en dan weer met mijn moeder. Zo werd de afwas een rustpunt in de dag en was er niet veel ruzie meer. De verschillende opdrachten die Fem ons gedurende de therapie gaf hielpen om ons huisgezin en ons huishouden weer klaar te maken voor als Tim weer thuis kwam wonen. Tim had inmiddels, met veel specialistische begeleiding, goed leren praten.

Dit succesverhaal in ons gezin maakte voor mij een beroepskeuze dus heel gemakkelijk. Ik wilde ook gezinstherapie gaan geven en maatschappelijk werkster worden.

Dus daar zat ik in bus 43 naar het Bezuidenhout in Den Haag. Vlak bij het Koninklijk Conservatorium was de sociale academie, en daar heb ik mijn eerste hbo-studie gevolgd. Naast alle psychologielessen, stages in Laak-Noord bij arme gezinnen, of de grote stage in psychiatrisch ziekenhuis Rozenburg, ging ik op woensdagochtend ook altijd naar zangles bij mijn lerares, de Bulgaarse operazangeres. Deze zanglessen waren geweldig en ik ging na zo'n les altijd als op vleugels gedragen weer naar huis toe.

Door deze zanglessen leerde ik hoe ik de verschillende klinkers zo makkelijk mogelijk omhoog kon zingen. Of hoe ik mijn stemregisters egaal moest krijgen. Hoe trillers gingen. Ik leerde over nieuwe opera's en over nieuwe componisten. De aria van de 'Koningin van de Nacht' waarmee ik begonnen was te zingen moest ik nu even wegleggen; die was voor dit moment te moeilijk en misschien veranderde mijn stem nog wel. Mijn zangjuf hoorde een ander zogeheten 'stemvak' in mijn stem dan ik zelf dacht te hebben. Zij werd getroffen door de donkere klank die hoorde bij een dramatische stem. Daarom gaf ze me eerst eenvoudige liederen van Bellini mee. Belcanto was de basis voor een goede stembeheersing. Bij mij ging het er allemaal in als gesneden koek. En toen tijdens de lessen bleek dat mijn zangjuf als prima donna bij de staatsopera van Sofia dezelfde rollen had gezongen als Maria Callas, wist ik dat ik helemaal op mijn plek zat bij deze vrouw.

Geleidelijk aan bracht ze me in vier jaar alles bij wat te maken had met Italiaanse opera. En er bleek ook een grote link te zitten tussen de Italiaanse opera, de Russische en de Franse opera's; deze opera's uit de 19e eeuw uit die verschillende landen hadden eenzelfde manier van zingen nodig.

Woensdag was niet de enige dag waarop ik zong. Ik ging ook elke vrijdagmiddag naar de pianist van mijn vader. Paul begeleidde hem bij zijn vereniging, Vrienden van de Zangkunst. Hij was gespecialiseerd in de liedkunst. Als hoofd van een afdeling bij de SER had Paul een keurige baan, en zo zag hij er ook uit: een chique heer in een geruite blazer en grijze pantalon, met prachtige lederen loafers. Altijd had hij een pakje sigaretten bij zich. Hij woonde in een prachtig appartement in Bezuidenhout, vlak bij mijn school. Dus na mijn lessen liep ik meteen naar Paul toe. De middagen bij hem thuis mis ik nog steeds heel erg.

Zo'n middag kon als volgt verlopen...

De zon schijnt door de bomen. Ik loop door de Theresiastraat, waar de herfstbladeren de stoepen bezaaien en waar de mensen gezellig lopen te winkelen. Ik steek over om daar een van de zijstraten in te gaan. Ik bel aan bij de portiek van Paul. In mijn tas zit het Schubert-boek dat ik heb geërfd van mijn overgrootvader Diemel. Die middag wil ik Paul het lied laten horen dat hij me de vorige week heeft aangeraden. Ik heb het vlot ingestudeerd en ben benieuwd of hij mijn uitvoering mooi vindt. De zoemer gaat en de grote zware deur klikt van het slot. In de galmende hal zing ik al: 'Joehoe, lieve Paul, hoe is het?'

Paul doet lachend open. We zoenen elkaar twee keer op de wang. Binnen gaat hij in zijn luie stoel zitten en vraagt aan mij of ik de Senseo kan regelen. De taartjes staan al klaar. Rob zal zo wel komen. Mijn Callas-vriend!

Inderdaad: vijf minuten later gaat de bel. Ik spring overeind en druk op de knop bij de intercom bij de voordeur. Paul zit namelijk net rustig een sigaretje te roken. Rob komt naar boven, met in zijn armen een bos bloemen of een fles drank, meestal port of jenever. Ik krijg van Rob twee zoenen en we kletsen honderduit.

We gaan met z'n drieën in Pauls fraaie woonkamer zitten. Aan de muur hangen smaakvolle schilderijen in gouden lijsten. Zijn grote, zwarte vleugel, een Steinway, staat pontificaal midden in de kamer. De vleugel is volgestapeld met muziek, kopieën en boeken. Op de standaard staat het lied van Schubert dat ik zou instuderen klaar: 'Auf dem Wasser zu singen'. Maar eerst drinken we koffie en eten we taartjes.

Terwijl ik luister naar de heren – zij zijn vijfenzestig en vijfenzeventig jaar oud – geniet ik van mijn slagroomgebakje.

Dan gaat Paul naar de vleugel en zegt: 'Kom, Cis, we gaan effe lekker tjingelen!' Hij gaat zitten en ik kom bij hem staan. Rob eet verder van zijn gebakje en kan niet nalaten op te merken dat hij 'niks heeft' met Duitse liederen. Geef hem maar echte opera.

Paul moet daarom lachen. 'Ken je dit lied dan, Rob?' vraagt hij.

Rob schudt zijn hoofd.

'Luister nou maar eerst eens; dan mag je daarna zeiken!' zegt Paul, en hij begint te spelen.

Zijn touché op de vleugel is mij inmiddels bekend en wanneer ik inadem voor de eerste inzet, voel ik dat Paul met me meeademt. De muziek van Schubert over stromende beekjes in het maanlicht is zo beeldend en mijn stem gaat mee op de golven van de piano.

Als ik klaar ben, kijkt Paul me vriendelijk aan en zegt vergenoegd: 'Ik wist wel dat dit een goed lied voor jou was. Weet je waar je nou eens naar moet kijken?' En daar komt hij weer met ander repertoire. Hij legt uit waar de teksten over gaan en hoe de componist het eventueel bedoeld kan hebben en merkt op dat hij het nog heeft horen zingen door ene Ljuba Welitsch in het Concertgebouw.

Ook Rob mengt zich in het gesprek. Hij geeft toe dat de muziek van Schubert toch ook wel mooi is als ik die zing.

Dat is natuurlijk het grootste compliment dat ik van mijn Callas-vriend kan krijgen. En nadat we klaar zijn met de liederen gaan we weer lekker zitten. Allemaal een glaasje port in onze handen. 'Wat zitten we toch heerlijk te giebelen,' zou Paul dan zeggen.

Al deze woensdagochtenden en vrijdagmiddagen speelden zich af tijdens mijn studie aan de sociale academie, dus nog voordat ik naar het conservatorium ging. In die vier jaar had ik door mijn zangjuf, Paul en Rob al zoveel repertoirekennis opgedaan dat ik goed beslagen ten ijs kwam toen een andere gerenommeerde zangpedagoge me adviseerde toelatingsexamen te doen voor het conservatorium.

Maatschappelijk werkster of toch zangeres?

In mijn leven heb ik veel hoogtepunten beleefd. Misschien ben ik ook wel een type die al snel iets een hoogtepunt vindt, maar het is heerlijk om zo in het leven te staan. Ik kan het iedereen aanraden. Misschien was de week waarin ik afstudeerde aan de sociale academie en tegelijkertijd toelatingsexamen deed voor het conservatorium het eerste echte hoogtepunt in mijn volwassen leven.

Ik was net tweeëntwintig en stond klaar om mijn laatste mondeling te doen bij de docenten van maatschappelijk werk en dienstverlening. Mijn scriptie ging over vakantiekampen voor moeilijk opvoedbare kinderen in het Drentse dorpje Vledder. Ik had daar twee jaar lang samen met mijn broer Dick de leiding over gehad. Wij hadden ons als vrijwilligers opgegeven. En later bleek dit een goed onderwerp te zijn voor mijn eindscriptie. In het ene jaar was het kamp goed georganiseerd. Alles liep op rolletjes en de kinderen hadden een week om nooit meer te vergeten. Het jaar daarop waren Dick en ik de enige leiders van het vorige jaar die terugkwamen, verder stond er een nieuwe ploeg. Ineens was de organisatie heel anders: de kampweek verliep rommeliger, er kwamen kinderen in de knel en er vonden incidenten plaats. In mijn scriptie vergeleek ik de kampweken van de twee opeenvolgende jaren. Ik ging op zoek naar de oorzaak en deed aanbevelingen om soortgelijke ongewenste situaties te voorkomen.

Mijn scriptie werd heel goed ontvangen en het mondeling examen verliep uitstekend. Ik studeerde af met een 8 en er werd me gevraagd waar ik mijn vak wilde gaan uitoefenen.

Tja... Ik durfde het bijna niet te zeggen, maar de volgende dag zou ik een nieuwe wending aan mijn leven geven. Dan zou ik met een tas vol bladmuziek naar het eerste toelatingsexamen van het eerste conservatorium waar ik me had opgegeven gaan.

De examinatoren feliciteerden me met mijn diploma, maar zeiden dat ze het jammer vonden dat zo'n leuke maatschappelijk werkster niet in haar vakgebied zou gaan werken.

Het was een groot compliment, maar tijdens het afgelopen studiejaar had ik mijn hele ziel en zaligheid gericht op mijn nieuwe grote droom: zingen. Professioneel zingen, misschien wel op alle grote operapodia...

Waarom was ik eigenlijk niet al meteen naar het conservatorium gegaan? Dat is een logische vraag. Ik zong toch al tijdens de middelbare school?

Maar in mijn jeugd en in mijn familie dacht niemand daaraan. Naar het conservatorium ging je alleen als je enorm getalenteerd was; eigenlijk moest je een soort wonderkind zijn. Wij wisten thuis wel dat we aardig konden zingen, maar dat beschouwden we als een liefhebberij naast het werk. Mijn vader is makelaar en heeft sinds zijn zestiende altijd hard gewerkt. Zingen deed hij erbij. Dat was een hobby. Er werd wel altijd gesproken over de grootvader van mijn vader, opa Diemel, de vader van mijn vaders moeder. Hij scheen zo'n mooie tenor te zijn geweest dat hij met koetsen werd opgehaald om overal en nergens op bruiloften en begrafenissen het Ave Maria te komen zingen. Mijn oma vertelde dat haar vader bladmuziek zat te lezen alsof het romans waren. Zij had zelf ook veel gezongen en haar grootste wapenfeit was een plek in het koor bij de opera *Cavalleria Rusticana*, de prachtige opera van Mascagni over een dorpje in Sicilië waar zich een groot drama afspeelt en waarin voor het eerst de maffia ten tonele wordt gevoerd. De zus van mijn oma was in de familie van mijn vader de eerste professionele zangeres. Maar ze was geen operazangeres. Tante José zong lichte muziek bij Kees Manders. Dat was de broer van Tom Manders die we allemaal nog kennen als Dorus; ze zong in de jaren dertig op de pier van Scheveningen. José Colbert was haar artiestennaam.

Los van deze familieverhalen leek het conservatorium een onhaalbaar doel, zeker voor zo'n mavoklantje als ik. Vooruit, ik had na de mavo ook nog mijn havodiploma gehaald, maar in mijn hart was ik nog altijd die praktische meid van de mavo die wel hield van kunst en cultuur, maar ook van entertainment en gein.

Terwijl ik maatschappelijk werk studeerde en tevreden zanglessen volgde en gezellige vrijdagmiddagen doorbracht bij Paul, gaf ik hier en daar concertjes. Op een gegeven moment trad ik op bij een huisconcert ter ere van de verjaardag van Paul. Ik zong een mooi lied en een duet met mijn vader. Dat duet was altijd een groot succes: het was het bekende duet tussen Don Giovanni en Zerlina: 'Là ci darem la mano'. Dat komt uit de opera *Don Giovanni* van Wolfgang Amadeus Mozart. Er moeten nog ergens beeldopnamen bestaan van mijn vader en mij terwijl we dit zingen. De jarige Paul begeleidde ons in een concertzaaltje in een woonhuis te Den Haag, een echte Haagse kamer en suite. Alleen waren hier de schuifdeuren weggehaald en had men een podiumpje gebouwd voor de vleugel. Deze concertlocatie in Den Haag is welbekend onder klassieke zangers en heette 'Gunst, wat een kunst'. Er was plaats voor zo'n vijftig gasten. Mijn moeder en broers waren er natuurlijk ook bij.

Een van de aanwezigen was een goede vriendin van Paul. Hij had me al over haar verteld. Zij was concertzangeres geweest en ze gaf in die tijd les aan het conservatorium van Enschede. Daarnaast had ze net een boek uitgebracht over zingen en zangtechniek: *De atlas van de zangkunst*. Gek genoeg was ik niet al te nerveus toen zij ook in de zaal bleek te zitten. Ik vond het gewoon leuk om met mijn vader te zingen en wilde Paul een muzikaal cadeau voor zijn verjaardag geven. Mijn vader en ik zongen zo mooi mogelijk en ik hoefde maar één keer in zijn hand te knijpen voor een juiste inzet, die papa soms weleens kon vergeten.

Na het applaus en veel vocale bijval van de gasten liep ik terug naar mijn stoel. De vriendin van Paul kwam meteen naast me zitten en zei: 'Dat was erg mooi!'

Ik bedankte haar voor het compliment.

'Waarom zit je niet op het conservatorium?' wilde ze weten.

Ik vertelde dat ik maatschappelijk werkster wilde worden en dat het conservatorium volgens mij bedoeld was voor mensen met heel veel talent.

'Maar kind, dat heb jij!' zei ze.

Toen zwegen we weer, want het volgende optreden begon. Ik luisterde echter niet meer erg goed. Ik was verguld met het commentaar van Pauls vriendin. Zij was immers ervaren en gaf les op een conservatorium, dus als zij zei dat ik daar ook het talent voor had, zou ik misschien toch wel toelatingsexamen kunnen doen.

Thuis praatten mijn ouders met ons na over de gezellige avond. Zij waren ook onder de indruk van wat Pauls vriendin had gezegd. Maar ik moest er wel goed over nadenken of ik naar het conservatorium zou gaan, en misschien ook geduld hebben. 'Maak eerst je studie af. Dan heb je in elk geval je hbo-diploma. Daar heb je altijd wat aan,' vonden mijn ouders.

En dus maakte ik met plezier mijn studie af. Maar het zaadje om misschien wel een professionele operazangeres te kunnen worden was geplant.

In het laatste jaar van mijn studie maatschappelijk werk bereidde ik me samen met mijn zangjuf voor op de toelatingsexamens van het conservatorium. Ik was al naar verschillende open dagen gegaan om te kijken welke scholen er zoal waren. En ik was nog steeds niet zeker of het me wel zou gaan lukken, daarom schreef ik me in bij vier verschillende instituten. Zo probeerde ik mijn kansen te spreiden. Ik vulde formulieren in voor het conservatorium van Utrecht, van Rotterdam, het Sweelinck Conservatorium in Amsterdam en natuurlijk bij het Koninklijk Conservatorium in Den Haag. Op dat laatste instituut had ik mijn zinnen gezet. Dat was het dichtstbij; dan kon ik makkelijk thuis blijven wonen. Het predicaat 'koninklijk' sprak mij als rechtgeaarde Oranje-fan ook erg aan.

Ik vroeg overal wat de toelatingseisen waren. Bij alle scholen waren die ongeveer hetzelfde. Je moest toelatingsexamen doen voor de theoretische kant van de muziek en je moest voorzingen. Voor het voorzingen werd gevraagd om minstens vier stukken, variërend van lied tot oratorium tot opera, en liefst in verschillende talen en stijlen. De muziektheorie was het moeilijkst. Je moest een dictee maken van een muziekstuk op gehoor. Je moest verschillende ritmes kunnen tikken en je moest een nieuw stuk van blad kunnen zingen; solfège heette dat. Dit was iets waar ik totaal geen kaas van had gegeten. Ik kon wel noten lezen, maar alleen met mijn viool en een beetje op de piano. Van blad zingen is iets heel anders. Wij hebben met onze stem namelijk geen toetsen of snaren waar je op kunt drukken.

Mijn moeder kwam met een goed advies. De vrouw van de apotheker had aan het conservatorium viool gestudeerd en kon misschien helpen met de theorie. Bij haar leerde ik basisdingen. Ik oefende veel, maar muziektheorie bleef een zwak punt. Dat kon ik toch juist ook leren op een conservatorium? Ik maakte me er niet al te druk om. Het zou om mijn stem en het zingen moeten gaan.

Ik had al zoveel repertoire gestudeerd; dat wilde ik het liefst allemaal laten horen. Zodoende kwam ik uiteindelijk op een programma met niet vier, maar wel vijftien stukken in zo veel mogelijk verschillende talen en stijlen. Ik zong een Noors lied, een Frans lied, een Italiaanse opera-aria, een Tsjechische opera-aria, een stuk van Bach enzovoort.

Elke dag studeerde ik op dat programma. Zo kende ik na een paar maanden alles uit mijn hoofd. Als je me 's nachts wakker maakte, kon ik alles zo oplepelen.

Met de trein ging ik naar het eerste conservatorium, dat in Utrecht was. Het was ondergebracht in een prachtig geel gebouw op de Mariaplaats, midden in de stad. Ik was netjes aangekleed en had al mijn bladmuziek dubbel gekopieerd in mijn tas.

Ik stapte de hal in en liet mijn papieren zien, waarop ik werd verwezen naar een lokaal waar het voorzingen plaatsvond. Daar zouden ze me vanzelf binnenroepen.

Het was me bekend dat ik eerst zelf een stuk mocht uitkiezen. Daarna zou de toelatingscommissie misschien nog een lied of een aria kiezen. En daarna volgde al snel het eindoordeel. Ik had besloten dat ik elk toelatingsexamen zou beginnen met een heel mooi, kort lied van Edvard Grieg. De titel was 'En Svane' en het ging dus over een zwaan. Ik zong het in het Noors. Ik had de tekst doorgenomen met een vrouw uit Noorwegen; aan mijn uitspraak zou het niet liggen.

Toen ik aan de beurt was ging ik naast de vleugel staan waaraan de pianist zat die alle kandidaten zou begeleiden. Ik gaf hem de muziek en keek naar de lange tafel voor me. Daar zaten de zangdocenten die op dat moment lesgaven in Utrecht. Op een open dag eerder in het jaar had ik al een paar van hen mogen ontmoeten. Ze vroegen wie ik was en wat ik wilde gaan zingen. Met welluidende stem – zo hoorden ze niet dat ik stiknerveus was – noemde ik mijn naam en de titel van het lied.

De pianist zette in en ik begon te zingen: '*Min hvide svane, du stumme du stille...*'

Na mijn uitvoering volgde geen applaus. Het bleef stil. Van de gezichten van de docenten kon ik niet aflezen wat ze ervan vonden.

De docenten keken op van hun notitie-blaadjes en vroegen of ik misschien nog de aria van het karakter Liu zou willen zingen, 'Signore Ascolta' uit de opera *Turandot* van Puccini.

Dat was een van mijn favoriete stukken. Puccini was en is nog steeds mijn allerliefste componist, en alles wat hij heeft gecomponeerd is schitterend. Vol overgave zette ik in. Ik had de aria ingestudeerd met een cd van Maria Callas, en me dezelfde snikjes en ademhaling eigen gemaakt die ik op die opname honderden keren had gehoord, en als ik aan het einde van de aria bij de hoge noot Bes kwam, kon ik net als Callas mijn stem naar het einde toe zachter laten klinken. Diminueren heet dat, en dat is op een hoge noot ongeveer het lastigste om te doen.

Terwijl ik zong zag ik de docenten opkijken van hun papieren. Ze legden hun pennen neer en ik zag dat ze me anders bekeken – met een soort verbazing. Toen ik klaar was, kreeg ik applaus en vervolgens het verzoek om even buiten te wachten.

Na vijf minuten werd ik teruggeroepen in het lokaal. Ik oogstte een brede glimlach. Ze vonden dat ik een mooie stem had en hadden besloten dat ik meteen toegelaten kon worden in het eerste jaar van de opleiding!

Ik wist niet wat me overkwam. Op wolken liep ik weer naar buiten. Een echt conservatorium had mij geaccepteerd als leerling. Maar zou het ook op die andere scholen lukken?

De volgende dag ging ik naar Rotterdam. Ook daar zong ik het lied van Grieg en vroegen ze om de aria van Puccini. Ik begreep achteraf pas dat maar weinig nieuwe studenten Puccini op hun repertoire hadden gezet en dat het uitzonderlijk werd gevonden dat ik dat wel had gedaan. Het kon namelijk helemaal fout gaan, of het kon heel bijzonder worden. Maar ook in Rotterdam gaf ik een geslaagde uitvoering. Doordat ik al zo fijn had voorgezongen in Utrecht, was ik voor deze auditie iets minder nerveus geweest. Ook in Rotterdam werd ik toegelaten, niet in het eerste jaar, maar in de vooropleiding. Ze wilden me een extra studiejaar gunnen, omdat ik met mijn stemtype elk jaar van studie goed kon gebruiken. Ik hoorde het de commissie zeggen en vond het allemaal prachtig. Het stond nu 2-0. Deze week was heel bijzonder geweest en de week erop zou ik nog twee keer auditeren, op de twee beste instituten van Nederland. Ik kreeg er echt zin in en hoopte op nog meer succes.

De derde auditie was voor het Sweelinck Conservatorium in Amsterdam, de grote stad vol kunst en muziek. De school bevond zich aan de Van Baerlestraat, schuin tegenover het Koninklijk Concertgebouw. In Amsterdam was het toelatingsexamen verdeeld over drie dagen. De eerste dag moest ik het theorie-examen doen met de beruchte solfègetest. Dan zou ik mogen voorzingen, en was die auditie goed genoeg, dan zou ik misschien door mogen naar de tweede ronde, waarin de verschillende zangdocenten workshops gaven. Pas daarna kreeg ik te horen of ik werd aangenomen of niet.

Ik deed vreselijk mijn best op het theorie-examen, maar snapte al meteen dat deze school een hoger niveau van muzikale kennis verwachtte dan ik kon laten zien. Ik kreeg een muziekdictee: een pianist speelde een meerstemmig stuk dat ik in notenschrift moest noteren. Er kwam een stuk bladmuziek voorbij met de lastigste ritmefiguren om te tikken. En er werd me gevraagd van blad te zingen. Na het examen ging ik met een bezweet gezicht een kopje koffie halen in de kantine in de kelder, dolblij dat ik ervan af was. Nee, deze school leek op muziek-theoretisch gebied te hoog gegrepen voor mij. Ik moest het nu echt van mijn zingen hebben.

Op de tweede dag kwam ik weer aan met tram 5, die naast de school stopte. Ik was keurig aangekleed en mijn schoonzusje Ans ging mee ter ondersteuning. Zij kwam uit de buurt van Amsterdam en kende de stad goed. Het was een zonnige dag en ik mocht de zaal binnenkomen. Mijn schoonzusje drukte haar oor tegen de deur aan; misschien kon ze nog vaag iets opvangen.

Weer stond er een lange tafel. Daarachter zaten de zangdocenten. Deze mensen waren me wel bekend. Mijn zangpedagoge had me over deze docenten verteld: Udo Reinemann, Margreet Honig, Hein Meens, Charles van Tassel en Kevin Smith.

Op het toelatingsformulier moest je aangeven bij wie je les zou willen hebben, en mijn zangpedagoge had me geadviseerd Kevin Smith op de voorkeursplek te zetten. Hij was een bekende Engelse countertenor en gespecialiseerd in drama en acteren. Dat zou heel leerzaam kunnen zijn voor mijn opera-ambitie.

Hein Meens, de voorzitter van de commissie, was een bekende oratoriumzanger. Hij bekeek mijn programma en vroeg verbaasd: 'Kent u dit hele programma uit het hoofd?'

'Ja, zoals het hoort, toch?' antwoordde ik hem.

Hein moest lachen en vroeg waar ik mee wilde beginnen.

Ik begon wederom met het lied van Grieg. Opvallend was de vriendelijke en open blik van de zangdocenten. Ze deden echt hun best om de kandidaten op hun gemak te stellen.

Na Grieg overlegden ze even. 'Nu willen we heel graag Puccini horen!' volgde er toen.

Tijdens de Puccini-aria zag ik Hein ineens iets groots op een vel papier schrijven. Toen ik klaar was hoefde ik niet eens te wachten. Alle docenten zouden om de beurt zeggen wat ze van mijn zang vonden.

Wat er op die ochtend gebeurde vergeet ik nooit meer. Allemaal zeiden ze dat ze het een eer zouden vinden om mij les te mogen geven! Toen ik langs de tafel liep zag ik dat Hein maar één commentaar op mijn toelatingspapier had geschreven: *groot talent*, met een wijde cirkel eromheen.

Ze mochten het eigenlijk niet doen, maar ze wilden me meteen aannemen in het eerste jaar en vroegen of ik het dan niet erg zou vinden om toch nog voor de gezelligheid naar de workshops te komen. Als ik geen tijd had, was dat ook niet erg, want ik zou de komende jaren tijd genoeg hebben. Ik zei meteen dat ik graag naar de workshops wilde komen.

Kevin Smith kwam naar me toe en vroeg waarom ik hem als voorkeursleraar had genoemd, want dat gebeurde niet vaak. Hij leek het geweldig te vinden om mij in zijn klas te krijgen. Het kon allemaal niet op.

Vrolijk zei ik iedereen gedag en ik ging naar buiten, naar mijn schoonzusje. Op de gang kraaide ik het uit en samen stonden we te springen en joelen van blijdschap. 3-0!

Maar... Ik had nog één auditie te gaan, bij het vermaarde Koninklijk Conservatorium te Den Haag, mijn geboorteplaats, vlak bij mijn ouders, en nog dichter bij mijn lieve pianist Paul. Als het daar zou lukken, was dat de plek waar ik wilde studeren. Ik had me goed voorbereid en deze keer zou Paul meegaan als begeleider. Na drie geweldige audities in Utrecht, Rotterdam en Amsterdam kon er nu toch niks meer misgaan?

Samen met Paul liep ik het gebouw binnen aan de Juliana van Stolberglaan in Den Haag. We werden door de portier naar de eerste etage gedirigeerd. In een lokaal achter de Kees van Baarenzaal, de grote theaterzaal van het conservatorium, zou de auditie plaatsvinden.

Ik wist ook al bij wie ik zou willen studeren, mocht ik aangenomen worden. Ik wilde les bij de bariton Wout Oosterkamp. Over hem deden goede verhalen de ronde en hij was zelf een heel goede zanger werd er gezegd.

Paul en ik bleven buiten het lokaal wachten op de commissie. Ik moest om halfvier voorzingen, na hun koffiepauze. Pas om kwart voor vier kwam de commissie aan en liep de zaal binnen. Ik zag diverse docenten, maar Wout Oosterkamp was er niet bij. Ik werd binnengeroepen en Paul en ik gingen naar onze plekken. Het was niet ongewoon om je eigen begeleider mee te nemen, dus niemand keek vreemd op toen Paul binnenkwam. Paul nam plaats achter de vleugel. De commissie keek al mijn papieren door en vroeg me om te beginnen. Paul zette in en ik zong voor de vierde keer 'En Svane' in het Noors. Niemand keek op van zijn papier. Toen ik klaar was, verwachtte ik na drie keer hetzelfde te hebben meegemaakt dat ook deze commissie zou kiezen voor Puccini, maar dat gebeurde niet. Ze keken mijn lijst door en kozen voor de aria 'Lied aan de Maan' uit *Rusalka* van Dvořak. Geweldig! Nu kon ik deze mooie aria zingen en weer een andere taal laten horen. Deze aria zong ik in het Tsjechisch. Het is een grote aria, met een dramatisch einde waarin duidelijk te horen was of de zanger een goede stem bezit.

Toen ik was uitgezongen werd er weer in de papieren gekeken... Of ik nu dan Puccini kon zingen?

Twee grote opera-aria's achter elkaar zingen is best heftig, maar ik liet me niet kennen en zong Liu zoals ik het al die keren had gedaan. Met het diminuendo aan het einde. Paul speelde zo prachtig dat alles vanzelf ging.

Nu zou ik wel klaar zijn.

Maar nee, dat had ik verkeerd gedacht. Ze wilden nóg een lied horen en kozen 'Nuit d'étoiles' van Debussy. Dit lied is heel mooi en teer, en het is eigenlijk vocaal niet te doen om zoiets te zingen na twee grote opera-aria's. Ik begreep toen dat deze commissie me wilde testen en me misschien een hak wilde zetten. Want waar haalde ik het lef vandaan met al deze stukken te komen? Dan moest ik ook maar laten zien dat ik iets in huis had.

De sfeer in de zaal was tijdens de hele auditie heel anders dan in Amsterdam. Het leek net of ze wilden laten zien hoe fantastisch het was om daar te mogen studeren. Ik zong het lied van Debussy, maar mijn stem was moe. Ik hoopte dat ze het niet zouden horen.

Na afloop van het lied keek een van de docenten op en vroeg of we buiten konden wachten. De rest bleef stil, verdiept in hun papieren.

Voordat ik naar buiten stapte, zei de voorzitter: 'O, nog

een vraagje, mevrouw Van Broekhuizen: hoe bent u in Amsterdam aangenomen?'

Ik vertelde dat ik daar meteen in het eerste jaar kon beginnen.

'Wacht u maar buiten,' zei hij.

Paul en ik gingen naar buiten en zeiden zachtjes tegen elkaar dat het er wel erg nuffig aan toeging. Terwijl de commissie nota bene zelf te laat was gekomen. Paul vond het erg onbeleefd. Ik was het met hem eens en wachtte met spanning af. Ik was heel benieuwd hoe mijn auditie werd beoordeeld. Ik vond het trouwens heel vreemd dat ze hadden gevraagd naar de uitslag in Amsterdam.

We wachtten en wachtten. Bij de vorige audities mocht ik steeds na vijf minuten naar binnen, en in Amsterdam hadden ze me meteen gezegd wat ze vonden. Maar Paul en ik moesten drie kwartier buiten blijven staan. Dat is heel lang, zeker als je nerveus en heel benieuwd bent.

Eindelijk werd ik weer binnengeroepen. In het midden van de zaal stond een stoel tegenover de commissie. Daarop moest ik plaatsnemen. Ik keek naar de strenge gezichten. De commissieleden verontschuldigden zich voor de afwezigheid van Wout Oosterkamp, die ziek was. Toen kwam het oordeel: 'Uw theorie-examen was abominabel slecht. U zong wel aardig. Eigenlijk kunt u nét aan naar de vooropleiding, maar omdat u in Amsterdam bent aangenomen in het eerste jaar willen we u hier ook in het eerste jaar plaatsen.'

Ik probeerde te bepalen wat ik nou van deze middag vond. De commissie was te laat gekomen, had me een programma laten zingen dat meer leek op een test dan van nieuwsgierigheid naar de kandidaat. Ik moest drie kwartier op de uitslag wachten. En uiteindelijk was het oordeel gebaseerd op mijn aanname in Amsterdam.

'En kunnen we u hier verwachten, mevrouw Van Broekhuizen?'

Het verbaasde me dat dit nu aan me gevraagd werd. En ik voelde me eerlijk gezegd een beetje beledigd na de succesvolle audities aan andere conservatoria. Ik had een bepaalde trots ontwikkeld over mijn stem en deze auditie was teleurstellend verlopen door de manier waarop deze commissie zich had gedragen.

Ik stond op en zei: 'U kunt blijkbaar niet zelf beoordelen of u mij wilt aannemen of niet en heeft daar blijkbaar de uitslag van mijn auditie in Amsterdam voor nodig. Dus ik denk er nog even over na. Tot ziens.'

Als ik er nu aan terugdenk, lijkt het misschien nogal brutaal, maar ik wist toen al heel goed waar ik me thuis voelde en waar niet. En ik wist ook welke weg ik wilde bewandelen in mijn ontwikkeling.

Thuis vertelde ik hoe het was gegaan. Was ik op het verkeerde been gezet? Ik had zo graag naar Den Haag gewild, maar de auditie daar was stroef en ongemakkelijk verlopen. In Amsterdam was het zingen geweldig gegaan, maar die treinreis elke dag zat me dwars. Ik durfde ook nog niet meteen het huis uit te gaan. Wat moest ik nu doen? Mijn gevoel zei me ook dat Den Haag niet de school was waar ik het fijn zou krijgen.

Mijn vader luisterde aandachtig en vroeg me toen: 'Als het Sweelinck nou naast het Koninklijk zou staan op de Juliana van Stolberglaan, welke deur zou je dan binnenstappen?'

'Die van het Sweelinck!' zei ik.

En zo ging ik vanaf september 1997 dagelijks met de trein naar Amsterdam. Nooit een moment spijt gehad!

Vissi d’arte

In 1997 was het een prachtige zomer. Mijn ouders hadden voor hun zilveren huwelijksfeest een mooi cadeau gekregen van de baas van mijn vader: een lang weekend naar Verona, Italië. De baas van mijn vader wist dat hij gek was op zingen en had tickets voor de opera *Aïda* bij de reis gevoegd. Omdat mijn moeder niet van vliegen houdt, net als ik nu, vond ze dat ik maar mee moest gaan in haar plaats. Voor mij zou het een uitgelezen kans zijn om een keer Italiaanse opera te zien zoals deze bedoeld was. En *Aïda* in Verona was iets wat je misschien maar één keer in je leven zou meemaken.

Dus gingen mijn vader en ik in augustus op weg naar Schiphol. Ik had al een keer gevlogen, met de Romereis van school. Mijn vader had nog nooit gevlogen en vond het heel spannend. We zaten in een vliegtuig van Alitalia. De koffers waren ingecheckt en ik droeg mijn T-shirt met een portret van Maria Callas erop. We stegen op. Het gevoel dat je in een vliegtuig krijgt wanneer dat loskomt van de grond is iets waar ik nooit aan zal wennen. Mijn vader keek ook een beetje angstig, maar hij leek het tegelijk wel geinig te vinden. Het idee dat je binnen een paar uur een grote afstand kon overbruggen was voor hem heel bijzonder.

Na het kopje koffie en de plastic broodjes die tijdens de

vlucht geserveerd werden, voelde ik aan mijn oren dat het vliegtuig alweer daalde. Ik keek naar buiten en zag dat de lucht helderblauw en zonnig was. Onder ons zag ik Italiaanse pijnbomen en een landschap dat veel rommeliger was dan we van Nederland kenden. In ons kleine kikkerlandje was alles ingedeeld in keurige rechthoeken.

Het vliegtuig landde veilig en er viel ons een pak van het hart. We stonden gelukkig weer op de grond. De deuren van het vliegtuig gingen open en ik voelde de weldadige warmte van een mediterraan land. Italië rook ook heel anders – kruidiger. Mijn vader en ik haalden de huurauto op die klaarstond bij het vliegveld en samen reden we door een prachtig, voor ons heel nieuw landschap naar de oude stad Verona.

'*In fair Verona, where we lay our scene...*' Die zin komt altijd in me op als ik denk aan Verona, de plaats waar Romeo en Julia wonen in het wereldberoemde toneelstuk van Shakespeare. Dat verhaal is natuurlijk door de toneelschrijver verzonnen, maar in Verona werd de kans met beide handen aangegrepen om van een bepaald huis in de stad te beweren dat daar op het balkon Julia smachtend zou hebben uitgekeken naar de komst van haar Romeo.

Overal in de stad zagen we wegwijzers naar de toeristische hoogtepunten. Het balkon van Julia en de beroemde Arena; daar zou het jaarlijkse Operafestival plaatsvinden. 1997 was een extra feestelijk jaar, omdat het vijftig jaar geleden was dat Maria Callas in de Arena van Verona haar debuut had gemaakt. Mijn hart sprong op toen ik alle posters in de stad zag met haar mooie gezicht erop. Dat optreden was de start geweest van haar uitzonderlijke carrière. Ik vroeg aan mijn vader of we na het inchecken in het hotel even bij de Arena konden gaan kijken naar wat er nog meer speelde behalve *Aïda*.

Het hotel was heel mooi en lag midden in de stad. Nadat we onze spullen in de kamer hadden gezet, gingen we op stap. Ik besefte ineens hoe bijzonder het was dat ik alleen met mijn vader op reis was. Dat was nog nooit gebeurd, en dit was voor het eerst dat ik alleen met hem optrok. Maar gelukkig bleek dat mijn vader en ik heel veel op elkaar lijken. Wij vinden alles wat ons aan eten voorgeschoteld wordt heerlijk. Wij zijn niet zo moeilijk als iets niet meteen lukt. We genieten van kleine dingen. En we houden allebei ontzettend van zingen en opera. Het enige waar mijn vader wel een beetje aan moest wennen bij mij, was dat ik om de tien minuten mijn tas checkte of ik alles wel bij me had. Of mijn portemonnee er nog wel in zat en de sleutel van het hotel. Nadat ik dat al vijf keer had gedaan, kreeg ik een geïrriteerde blik van papa. Of ik alsjeblieft kon ophouden met dat zenuwachtige gedoe. Het is me geloof ik de rest van de vakantie gelukt niet meer elk uur mijn tas open te maken.

De kaarten voor de uitvoering van *Aïda* op zaterdagavond hadden we op zak. We hadden mooie plaatsen in het auditorium. Mijn vader had voor de gelegenheid zijn smoking meegenomen. Maar op vrijdagavond stond er een andere opera op het programma. De kaarten waren niet zo duur als je het niet erg vond om op de stenen tribunes rond het middengedeelte te zitten. Ik keek mijn vader met puppy-ogen aan, want het ging om een van de allermooiste opera's die er bestaan: *Madama Butterfly* van Puccini. Het verhaal over de jonge Japanse geisha Cio-Cio-San die verliefd wordt op de Amerikaanse marinekapitein Pinkerton. Hij trouwt met haar en beleeft zijn liefdesnacht. Daarna vertrekt hij weer naar Amerika.

Cio-Cio-San blijft op haar geliefde wachten, zonder te beseffen dat het huwelijk voor de Amerikaan een schijnhuwelijk was. Halverwege de opera, als er in het verhaal jaren voorbij zijn gegaan, ervaart het publiek dat ze een zoon heeft gebaard van deze kapitein. Pinkerton komt met zijn echte Amerikaanse echtgenote zijn zoon opeisen. Hij wil echter niets meer met Cio-Cio-San te maken hebben. Omdat ze van haar eer is beroofd zit er nog maar één ding op: harakiri plegen.

Papa kocht twee kaarten voor tribuneplaatsen. Ons verheugend op een extra avond vol prachtige muziek liepen we naar de dichtstbijzijnde pizzeria en aten daar de lekkerste pizza ooit.

Eenmaal in de Arena was het inderdaad een belevenis. De opera begon pas om negen uur, wanneer de schemer inviel. Zachte spotlights verlichtten de hele tribune en uiteraard was er al een deel van het specifiek Japanse decor zichtbaar voor het publiek. De Arena liep vol met allerlei soorten mensen. Er is plaats voor zo'n dertigduizend personen, en die avond zaten die er ook. Iedereen op de stenen tribunes had zijn eigen wijn en hapjes meegebracht en er liepen diverse verkopers rond. De ene verkocht programmaboekjes, een ander flesjes wijn, en de volgende grappige lantaarns in de vorm van een hart die door batterijen verlicht werden. Ik vond die lantaarns zo geweldig dat ik er meteen een aanschafte. Veel meer mensen hadden dat idee en al snel vulde de grote arena zich met hartenlichtjes. Bij deze sfeer past het woord 'feeëriek'.

Tegen negen uur kwam de dirigent op. Er stegen een applaus en een gejuich op zoals ik nog nooit had meegemaakt. Dertigduizend mensen kunnen erg veel lawaai maken! Mijn vader vertelde dat hij de sfeer vergelijkbaar vond met de sfeer tijdens een voetbalwedstrijd in De Kuip bij Feijenoord. Alleen was dit publiek misschien iets... chiquer.

De muziek begon. Ik weet alleen nog dat het schitterend was en dat het een eenvoudige regie was, voor een uitvoering in Verona. Spektakel vond je bij *Aïda*, verzekerde een buurman ons. Ik knipoogde naar mijn vader en hij glimlachte terug. Wij zaten goed.

Wat me vooral ook bijbleef was de geweldige akoestiek in de Arena. Ik wist dat alles onversterkt werd gespeeld en gezongen, maar het was allemaal goed te horen in die enorme ruimte in de openlucht. In de toeristengids las ik dat dat kwam door de grote stenen muur tegenover het podium aan de andere kant van de Arena; die kaatste het geluid terug en doordat het publiek in een soort kuil zat, bleef het geluid in die ronding. Je kon er maar beter niet aan denken dat in de oudheid daar allerlei mensen voor de leeuwen waren geworpen of als gladiator hadden moeten vechten. Nee, dan was opera toch echt een veel mooier volksvermaak.

De volgende dag was het weer zonnig en warm. We waren van plan het balkonnetje van Julia te bezoeken, en het leek me leuk om ook weer naar de Arena te gaan, terwijl de mensen van het theater daar bezig waren het decor op te bouwen voor *Aïda*. Dat had heel veel voeten in de aarde, want dit spektakelstuk van Verdi speelt in het oude Egypte. De Ethiopische slavin Aïda is verliefd op de Egyptische prins Radamès, die op zijn beurt ook verliefd is op haar, maar eigenlijk verloofd is met Amneris, de dochter van de farao. Kortom, een recept voor narigheid en ellende, en het eindigt dan ook met de dood voor Aïda en Radamès, die worden ingemetseld in een graftombe terwijl Amneris boven hen de scepter zwaait. In dit stuk zit de beroemde triomfmars die met heel veel spektakel wordt opgevoerd. Bij grote producties komt het hele koor op in een stoet met figuranten. De overwinnaars laten de overwonnen slaven zien en de spullen die ze hebben meegenomen uit het overwonnen Ethiopië. Er trekken soms stoeten met olifanten voorbij (echt waar), er zijn paarden en veel goud en trompetten. Als decor zijn er dan altijd veel obelisken te zien en zijn de gebouwen getooid met hiërogliefen.

Mijn vader en ik liepen die middag door de arena en lieten alles goed op ons inwerken. Ik wilde heel graag het toneel aanraken, want dit was het toneel waarop Callas had gestaan en waar ze *La Gioconda* had gezongen en zo haar debuut had gemaakt. Ik liep erheen en wreef met mijn hand over de rand, benieuwd naar de akoestiek. Toen deed ik wat ik altijd doe als ik ergens in een theater kom: ik zong even een toonladder met mijn opera-vibrato op mijn stem.

Meteen zag ik andere toeristen naar me omkijken. Velen gingen op de lege stoelen voor het podium zitten en keken me verwachtingsvol aan. Ondertussen waren de hoogwerkers bezig de obelisken goed neer te zetten op het toneel.

'*Shall I sing an aria for you?*' riep ik naar de mensen.

Mijn vader grijnsde breed en ging ervoor zitten. De mensen applaudisseerden, en dat was voor mij het sein om verder te gaan.

Ik durfde niet het toneel op te stappen, dus bleef ik ervoor staan. '*I would like to sing for you from the opera* Tosca "*Vissi d'arte*"!' kondigde ik aan.

Wederom volgde er applaus.

Ik zong de aria a capella, dus zonder begeleiding. Ik voelde hoe mijn stem de hele Arena met gemak vulde. En inderdaad kaatste mijn stem terug tegen de grote muur achterin. Aan het eind van de aria komt een hoge noot voor en toen ik die zong begonnen de werkmannen in de hoogwerkers luid te toeteren met hun claxons! Degenen op de stoelen klapten en riepen bravo. Toen ik klaar was, boog ik en bedankte ik iedereen. Heel even voelde ik me een echte operadiva.

Even later werden mijn vader en ik door deze en gene

aangesproken. Wat bijzonder om zo'n mooie aria te mogen horen! Wat had ik een mooie stem, en hoe oud was ik wel niet? Het weekend samen met mijn vader kon niet meer stuk.

'S Avonds genoten we, chic aangekleed, op de prachtige eersterangs plaatsen van de opera. Het was inderdaad een spektakel met alles erop en eraan. Mijn vader en ik gingen moe maar voldaan terug naar het hotel.

De volgende dag slenterden we nagenietend door de stad. We kochten wat souvenirs en gingen daarna weer op huis aan.

Ik had gedacht dat mijn reis naar de opera in Verona een belevenis zou zijn waar niets ooit aan zou kunnen tippen, maar achteraf bleek het hoogtepunt van het weekend te zijn geweest dat ik zelf had gezongen op de plek waar Callas ooit furore had gemaakt. En vanaf die tijd kon ik altijd en overal zeggen: 'Jazeker, ik heb ook nog in Verona gezongen.'

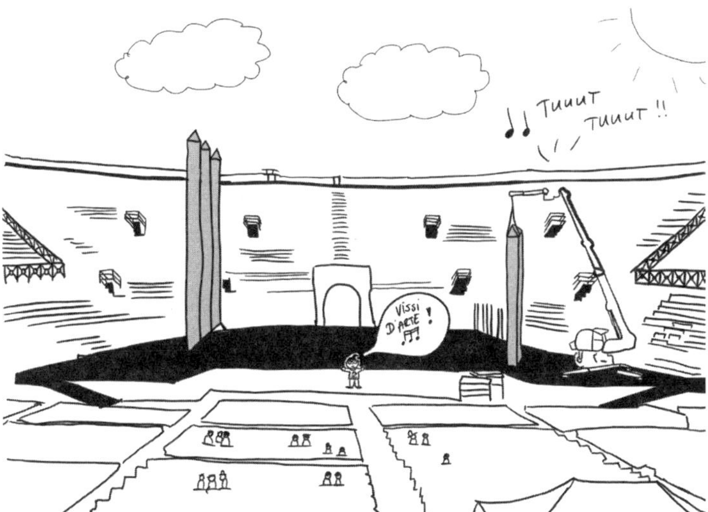

Let the florid music praise!

Om zeven uur 's avonds zit ik samen met Femke in de kleedkamer. Ik maak mijn gezicht op en praat nog meer dan anders. Eigenlijk zou ik nu als goede zangeres mijn mond moeten houden om mijn stem te sparen, zeker voor zo'n belangrijke avond als deze. Maar ik ben stiknerveus. Ik hoor in de verte al druk geroezemoes. In de Bachzaal te Amsterdam zitten mijn vader, mijn moeder, mijn broers, mijn schoonzus, Paul, Rob, mijn vrienden van het conservatorium en mijn zangleraar Kevin. Er zijn zo'n driehonderdvijftig mensen aanwezig. Vanavond doe ik mijn eindexamen klassieke zang aan het Conservatorium van Amsterdam, voorheen het Sweelinck Conservatorium.

Deze avond zing ik mijn programma, met zorg gekozen en lang ingestudeerd. Het lied is vertegenwoordigd, oratorium, opera en natuurlijk is er een humoristisch slotstuk.

Femke, sinds twee jaar mijn pianiste en beste vriendin, zal me begeleiden. Sinds ik haar heb ontmoet is er muzikaal een nieuwe wereld voor me opengegaan. Zo verbonden in muziek ben ik nog nooit met iemand geweest.

Twee jaar eerder zag ik Femke voor het eerst tijdens de liedklas. De liedklas was een apart onderdeel tijdens de studie zang klassiek. Je kwam daar pas in als tweedejaars-student, en de bedoeling was dat je bij de pianisten-afdeling een pianist zocht met wie je een duo kon vormen. Ik had een heel lief meisje ontmoet dat prachtig Chopin speelde. Zij was ook tweedejaars en wilde graag concertpianiste worden. Liedkunst kende ze niet en begeleiden was nieuw voor haar. Maar ze was heel muzikaal en zodoende gingen wij dat jaar keurig door in de liedklas.

Tijdens een van de groepslessen was daar plotseling een nieuwe zanger die vanuit Rotterdam was overgestapt naar onze school in Amsterdam. Hij was een veelbelovende bariton en werd begeleid door een piepjonge pianiste, die nog steeds in Rotterdam studeerde bij de Russische pianogrootheid Mila Baslawskaya.

De bariton zong mooi, maar mijn belangstelling voor de pianiste was veel groter. Een Hollandse blonde meid met een Amsterdams accent en een gestreepte tricot trui. Een nette broek met Palladium-schoenen. Een ogenschijnlijk gewoon jong meisje. Maar als zij piano speelde was dat niet gewoon. Het was gewoon schitterend! En haar begeleiding van de zanger was zo vol passie en vuur en volledige aandacht voor hoe er werd gezongen. Ik had dat niet eerder bij een student piano zo gehoord of gezien. Ze wist ook veel van de liederen en kende de teksten. De meeste pianostudenten hadden geen idee wat zangers deden en waren daar ook niet zo in geïnteresseerd. Zangers worden door instrumentalisten niet altijd gezien als musici. Zangers zijn druk, extravert en maken veel lawaai. Studeren doen ze niet veel, want je kunt geen acht uur per dag zingen. Pianisten en violisten daarentegen zijn vaak al van jongs af aan acht uur per dag bezig met hun instrument. Er zit dus echt verschil in hoe er onderling naar elkaar wordt gekeken op een conservatorium. Femke had ook van kleins af aan uren per dag gestudeerd, maar ze had van thuis uit ook liefde voor de liedkunst en zingen meegekregen. En haar open blik en de snelheid waarmee ze de aanwijzingen van de leraren opvolgde, waren opvallend.

Een week later zouden we weer les krijgen in de liedklas en ik was vijf minuten te vroeg in het lokaal. Ik hoorde een jonge sopraan zingen en een lange man zat achter de vleugel. Het bleek dat Femke, de pianiste die mij de week ervoor zo was opgevallen, aan het zingen was. Haar zanger begeleidde haar niet onverdienstelijk op de piano. Ze zong heel mooi en ik vroeg haar na het slot van het lied bij wie ze zangles had. Ze vertelde dat ze zingen heerlijk vond, maar nog op zoek was naar een leuke docent. Meteen pakte ik mijn agenda uit mijn tas en vroeg haar wanneer ze langs wilde komen. Ik gaf al sinds ik studeerde zangles aan amateurzangers. Lesgeven heb ik altijd leuk gevonden en op het conservatorium moesten we voor het vak methodiek lesgeven aan stageleerlingen. Femke pakte haar agenda en de eerste afspraak was gemaakt.

Vanaf dat moment kwam ze elke week bij me op zangles. Ondertussen zagen we elkaar ook in de liedklas en we raakten bevriend. Tijdens de lessen ontdekten we dat we van dezelfde liederen hielden, en Femke was enorm enthousiast als het ging over componisten als Schumann of Schubert. Ze vertelde romantische anekdotes over hun levens. Ik vertelde haar in de zanglessen over de opera's die ik mooi vond, en natuurlijk over Callas en de kunst van het zingen. Ondertussen studeerden we allebei keurig aan ons hoofdvak.

Na een jaar kwam Femke ook in Amsterdam studeren, omdat haar pianodocente het hoofdvak piano ging geven op onze school. Dat was helemaal heerlijk. Nu zagen we elkaar bijna elke dag op school en konden we tussendoor kopjes koffie drinken. Ik had gevraagd of Femke me ook kon begeleiden bij kleine concerten of andere optredens. Vanaf het moment dat ze me begeleidde voelde ik een enorme muzikale klik. Ze begreep op welke momenten ik ademhaalde en als ik haar ergens een vertraging hoorde maken, kon ik heel makkelijk mee in haar interpretatie. Zo'n sterke gezamenlijke muzikaliteit had ik nog niet eerder ervaren, en elke keer als ik met Femke een lied of een aria kon zingen, voelde ik dat ik vleugels kreeg.

De allerleukste momenten waren altijd na afloop van een lied. Dan was Femke erg enthousiast en vertelde ze me hoe ze had genoten van mijn stem en klank, en zei ze dat ze precies kon voelen hoe ik een bepaalde frase zou willen zingen. De klik was dus wederzijds en ik heb altijd het idee gehad dat deze muzikale band de sterke basis is geworden voor onze vriendschap, die tot op de dag van vandaag voortduurt.

Dus toen ik in het laatste jaar van mijn opleiding mijn eindexamen klassieke zang moest gaan voorbereiden, kreeg ik een goed idee: ik zou Femke vragen me te begeleiden.

In die tijd was dat nog niet gebruikelijk op het conservatorium. Alle zangexamens werden begeleid door de correpetitoren. Dat waren over het algemeen docenten die zangers hadden gecoacht bij het instuderen van muziek. Bij ons was de begeleider ook de leraar piano van de liedklas. En hoe goed ik hem ook vond begeleiden, ik wist zeker dat mijn eindexamen met Femke door onze gezamenlijke muzikaliteit veel meer glans zou krijgen. Ik vroeg daarom eerst officieel toestemming aan het afdelingshoofd om me door Femke te laten begeleiden. Toen ik die toestemming had, kocht ik een mooi cadeautje voor haar en vroeg haar op een middag bij een kopje koffie of ze het zag zitten om me, in een programma van een uur bij mijn eindexamen, te begeleiden.

'Het lijkt wel een aanzoek!' riep ze enthousiast uit.

We moesten daar erg om lachen, maar het voelde wel een beetje zo: alsof we een muzikale verloving aangingen die zeker een jaar zou duren en zou wemelen van de repetities en voorbereidingen voor de grote dag van het eindexamen.

Een examen heeft heel wat voeten in de aarde. Je moet een uitgebalanceerd programma maken met verschillende zangstukken die uiteenlopende periodes en stijlen representeren. Die stukken moeten voldoende bepaalde afwisseling bieden, zodat de luisteraar niet al na twee liederen verveeld raakt. Ze moeten ook een bepaalde moeilijkheidsgraad hebben; je kunt niet alleen eenvoudige volksliedjes zingen. En als zanger wil je je eigen vocale signatuur aan het programma meegeven.

Uiteindelijk had ik een mooi en gevarieerd programma samengesteld met twee Russische liederen van Tsjaikovsky, een aria uit Händels *Messiah*, een Frans lied van Chausson met begeleiding van een strijkkwintet en een grote operascène uit *Otello* van Guiseppe Verdi. Ik zou openen met een schitterend geëxalteerd lied gecomponeerd door Benjamin Britten: 'Let the Florid Music Praise!' De tekst van dit lied vatte mijn liefde voor de muziek mooi samen en had een zeer uitdagende pianopartij. Femke en ik zouden er knallend in gaan.

Twee maanden voor mijn examen was ik met Femke bij haar ouders weer aan het repeteren en er waren een paar kleine kinderen op bezoek. Femke vindt het heerlijk om dan voor hen liedjes van Annie M.G. Schmidt te zingen, zoals 'Dikkertje Dap', 'Het fluitketeltje' en 'Stekelvarkentjes wiegelied'. Ze haalde dus het boek met Schmidts liedjes tevoorschijn en zong en speelde er een paar van.

'Stekelvarkentjes wiegelied' vond ik zo mooi dat ik achter haar ging staan en mee probeerde te zingen. De melodie is eenvoudig; het is echt een slaapliedje. De tekst is, zoals alle teksten van Annie M.G. Schmidt, heel beeldend en er worden veel verschillende dieren in genoemd. Het lied gaat over een stekelvarkenmoeder die haar kleine stekeltjeskind in slaap zingt. Ze roemt alle mooie kenmerken van de verschillende dieren: de gekleurde veren van de papegaai, de manen van de leeuw en de strepen van de tijger. Maar als stekelvarken met zijn stekels ben je ook heel wat waard, en het lied eindigt zelfs met een waarschuwing voor de toekomst: 'Die stekeltjes komen dan nog te pas.'

Terwijl ik de melodie zong, zette Femke een mooie tegenstem in, en samen zongen we het lied uit. We waren er zelf door ontroerd en ik riep meteen dat ik ook dit lied op mijn examenprogramma wilde zetten; dan had ik een eenvoudig lied tussen de vocaal moeilijker stukken door en kon mijn stem een beetje uitrusten voordat ik de grote Verdi-aria zou gaan zingen. En misschien zou Femke dan ook die tweede stem erbij kunnen zingen?

We vroegen ons nog wel weken af of de examencommissie dit niet te simpel zou vinden voor een zangexamen. Het liedje was echt niet moeilijk en kwam uit een kinderalbum. Dit kon dus helemaal verkeerd vallen. Maar ik vond het zo mooi. En als Femke en ik muziek maakten, gebeurde er altijd iets wat we niet konden benoemen.

De laatste noot van mijn eindexamen weerklonk en er barstte een daverend applaus los. Ik boog eerst alleen en daarna kwam Femke bij me staan. Alles was goed gegaan.

Nou ja, bijna alles. Ik had een paar kleine technische fouten gemaakt in mijn oratoriumstuk en tijdens de eerste paar liederen had ik stijf gestaan van de spanning. Pas bij de Russische liederen van Tsjaikovski was ik me gaan ontspannen en had ik er lol in gekregen. Femke speelde alles loepzuiver en toen ik ineens bij 'Stekelvarkentjes wiegelied' mijn plek bij de buik van de vleugel verliet om aan het uiteinde ervan te gaan staan, voelde ik me vrij. Ik kon op die manier tegenover Femke staan en haar aankijken terwijl we samen het lieve liedje ten gehore brachten. Na dit intieme en mooie moment zong ik de grote scène uit *Otello*, waarbij ik ook een kleine regie uitvoerde met een kaars en een rozenkrans. Daarna gingen we helemaal los met het oergeestige Engelse lied 'A Word on My Ear'. Degene die dat zingt is een zogenaamde gearriveerde beroemde zangeres die alles kan, behalve zuiver zingen. Het lied zit heel ingenieus in elkaar en op cruciale momenten zing je dan een heel valse noot. Die wordt echter vanzelf zuiver doordat je pianist er in de begeleiding naartoe moduleert zodat de valse toon weer in de juiste harmonie terechtkomt. Het effect is supergrappig en ik kon al mijn komische talent erin kwijt.

Terwijl het applaus aanhield zag ik de leden van de examencommissie al de zaal uit gaan voor overleg. Nu was het afwachten. Ik kon niet meer zakken, want ik had dat jaar alleen maar voldoendes gehaald. Het was nu alleen een kwestie van *hoe* ik geslaagd zou zijn en welk cijfer ze me wilden geven.

Na een halfuur werd ik door een van de docenten meegevraagd naar de vergaderruimte om te horen wat ze van mijn examen vonden. Ze waren enthousiast en hadden een echte zangeres en entertainer op het podium zien staan. Ik had technisch wat steken laten vallen, maar daartegenover stonden een enorm divers repertoire en begrip van stijl. Ook roemden ze mijn vermogen om met het publiek te communiceren. Daarnaast vonden ze het pianospel van Femke erg goed en zagen ze een prima duo in ons.

Uiteindelijk studeerde ik af met de hoogste onderscheiding voor artisticiteit. Dolblij en met rode wangen van inspanning en opwinding vroeg ik aan de commissie wat ze het mooiste stuk hadden gevonden. Unaniem noemden ze 'Stekelvarkentjes wiegelied'.

Trots liep ik naar mijn familie en vrienden met mijn diploma en gaf Femke een stevige omhelzing. Ik was geslaagd en het was precies gegaan zoals ik me had voorgesteld. Sinds mijn eindexamen zijn Femke en ik een duo. En nog steeds spelen we op recitals en concerten het mooie wiegeliedje.

Het L-woord

'Ik denk dat jij verliefd op mij bent!'

Ik zat aan de keukentafel bij een vriendin, die aan het fornuis stond te koken. Ik kwam voor de gezelligheid weer eens eten en wachtte op een van de gerechten die ze graag klaarmaakte, zoals chili con carne – heel lekker met crème fraîche en tortillachips. Die kwamen toen net in de mode.

Terwijl ik een slokje cola nam, hoorde ik het woord 'verliefd' en ik verslikte me bijna. Ik vond haar heel leuk, maar niet op die manier, dacht ik. Wat had ik in godsnaam gedaan dat zij zoiets tegen me zei? Had ik aanleiding gegeven door op een bepaalde manier te kijken? Had ik te veel lieve dingen gezegd die niet mochten van vrouw tot vrouw? Vrouw... Ik voelde me op mijn tweeëntwintigste nog niet helemaal een vrouw. Ik had nog nooit met een jongen gezoend; voor mijn gevoel was ik ook nooit echt verliefd geweest. Ik kleedde me het liefst in het zwart en vond mezelf niet mooi.

Uiterlijk was sinds de lagere school een heikel punt. Op de lagere school was ik veel uitgescholden en gepest, vooral door één jongen. 'Lelijkerd!' 'Brillenjood!' 'Manwijf!' 'Lelijk kutwijf!' Ook als ik op straat gewoon naar school of naar huis liep werd ik soms zo nageroepen. Misschien dat je het naast je neer kunt leggen als het één of twee keer gebeurt, maar als je deze woorden jarenlang te horen krijgt ga je toch denken dat er een kern van waarheid in moet zitten. Zeker als je jong bent en er daarna ook niet veel gebeurt op het vlak van verliefd worden of verkering krijgen.

Op de middelbare school werd ik vanaf de tweede klas gelukkig niet meer gepest. Ik kwam op de mavo. Dat had volgens mij een paar oorzaken. Ten eerste zat ik in de brugklas bij veel van dezelfde kinderen als op de lagere school. Daarbij was ook de vroegere aanvoerder van alle pesterijen die ik me had moeten laten welgevallen. Op de allereerste dag dat ik op mijn nieuwe school kwam aanfietsen riep hij me alweer toe: 'Nee hè, daar is dat lelijke kutwijf ook weer!' Ik voelde me zes stappen teruggezet en liep met het lood in mijn schoenen naar binnen. In het brugklasjaar moest ik erg wennen aan alle grote veranderingen. Er waren veel kinderen, verschillende lessen en verschillende leraren, en het gebouw was groot. Aan mijn resultaten was te zien dat ik het niet makkelijk vond: ik ging van vwo- naar havoadvies. Bij mijn derde rapport bleek ik echter net aan toegelaten te kunnen worden op de mavo.

Mijn ouders vonden het niet erg, maar hun vrienden en kennissen vonden dat mijn vader en moeder te weinig deden om mij op een hoger level te krijgen. Mijn cijfers waren echter domweg niet goed genoeg. Gelukkig bleven mijn ouders me rustig verzekeren dat ik waarschijnlijk alleen wat meer tijd nodig had. Ze zeiden dat ik altijd, als ik dat wilde, door kon schuiven.

De mavo bleek achteraf een zegen voor me te zijn. En ik heb mezelf vanaf die tijd ook altijd als een mavoklantje beschouwd: niet dom, maar alleen praktisch ingesteld. En doordat ik niet dom was, ging het met de lessen vanaf dat moment ook heel ontspannen. Ik kwam in een klas met allemaal nieuwe mensen, niet alleen uit Wassenaar, maar ook uit Leiden en Voorschoten. Bij die nieuwe mensen kon ik een knop in mijn hoofd omzetten. Ik merkte dat ze om me moesten lachen als ik grapjes maakte en me niet onderdanig gedroeg; ik werd niet langer uitgelachen. En als ik mezelf als mikpunt nam, konden zij het niet meer doen. Wat humor betreft waren André van Duin en Brigitte Kaandorp mijn grote voorbeelden. Kaandorps humor snapte ik heel goed. Zij had het ook over haar uiterlijk en over ongelukkig zijn in de liefde. Ik maakte me dit soort humor eigen en die gebruikte ik in het klein. En het werkte! Ik kreeg vriendinnen en vrienden.

Ik ging meedoen met buitenschoolse activiteiten. Onze school was erom bekend in de regio en had een geweldige toneelvereniging. Er was een heel hippe leerlingenvereniging die feesten organiseerde. Je kon in het leerlingenparlement, of in de medezeggenschapsraad. En je kon in de kantine meehelpen om roze koeken te verkopen. Bij al deze activiteiten liepen de verschillende niveaus door elkaar en deden de docenten ook mee. Zo leerde ik op school nieuwe mensen en gelijkgestemden kennen. Ik speelde mee met het schooltoneel, verkocht roze koeken en zat in het leerlingenparlement. Ik mocht jaarlijks als leerling het schooljaar openen en deed dat steevast met de volgende openingszin: '*Non scholae sed vitae discimus.*' Dat is Latijn voor: Niet door de school leren wij, maar door het leven. Kortom: ik deed van alles en ik bloeide helemaal op op deze school.

Maar hoe leuk het ook was op school, ik werd nooit verliefd op een jongen. Ik had dus ook nooit verkering. Uitgaan vond ik spannend, dansen eng en gênant. Dus een schoolfeest was wel aardig, maar ik voelde me daar niet senang. En jongens keken ook nooit op die manier naar mij. Ik ben daar altijd van overtuigd geweest. Nu denk ik weleens dat ik misschien ook een heleboel niet heb gezien. Ik was niet zo gericht op jongens.

Ik was wel altijd weg van vrouwen. Vooral op afstand. Filmsterren van vroeger: Natalie Wood in *West Side Story*, Audrey Hepburn in alle films waarin ze maar zat, Julie Andrews in *The Sound of Music*, Barbra Streisand in *Funny Girl*, Karin Bloemen die 'Unbeschreiblich weiblich' van Nina Hagen zong. Dat soort prachtige, sterke vrouwen. Maar ik kon ook erg onder de indruk zijn van bepaalde docenten.

Zo herinner ik me een docente Nederlands, een lieve, rustige vrouw, die altijd met veel geduld lesgaf. Ik keek met veel adoratie naar haar. Voor de rest gebeurde er niks. Ik dacht nooit aan zoenen, laat staan aan seks met iemand. Ik was gewoon heel gelukkig met al die voorbeelden op afstand. Meer had ik niet nodig.

Toen ik in de vierde klas mijn zangstem ontdekte, kon ik al mijn gevoelens kwijt in het zingen. In die aria's en liedteksten leerde ik over de grote emoties liefde, jaloezie, haat en verdriet. En via de toneelvereniging had ik een hechte vriendschap gekregen met een meisje dat later bij ons op school was gekomen. Ze had jarenlang op verschillende plekken op de wereld gewoond doordat haar vader bij Shell werkte. Nu was het tijd om te gaan settelen in Nederland en dus kwam dat meisje in 4-vwo bij ons op school. Ze werd wel meteen lid van de toneelvereniging en zodoende leerden wij elkaar kennen.

Ik geloof dat ik met Marjolijn – zo heette ze – mijn eerste echte innige vriendschap kreeg. Ik was altijd onzeker in vriendschappen en wist nooit zeker of mensen me wel echt aardig vonden. Dat had nog steeds te maken met mijn pestverleden op de lagere school. Maar met haar kon ik over van alles praten. We hielden allebei van kunst, cultuur en toneelspelen. En ze was bijzonder, want ze sprak vloeiend Amerikaans-Engels, wat ik heel exotisch vond. Ze woonde vlakbij en we kwamen veel bij elkaar over de vloer. Ze was ook erg knap. Dat zag ik wel. En ik vond alles wat we samen deden geweldig. Door deze vriendschap ging er een nieuwe wereld voor me open. Ik kon er geen genoeg van krijgen. Pas veel later heb ik aan mezelf durven toegeven dat ik min of meer verliefd moet zijn geweest. Maar omdat ik bepaalde gevoelens nooit koppelde aan seksualiteit bleven die gevoelens voor mij heel puur – niets meer dan een liefdevolle vriendschap. Ik hoopte dat ik ook zoiets kon krijgen met een jongen, en dat dat dan zou uitmonden in wel meer dan alleen vriendschap.

Nadat ik mijn havodiploma had behaald ging ik naar het hbo in Den Haag. Tijdens mijn studie maatschappelijk werk leerde ik allerlei mensen kennen. Ook jongens. En ook al had ik daar nieuwe lieve vrienden, ik voelde nooit die intense vreugde die ik bij mijn allereerste hechte vriendschap met Marjolijn had gevoeld.

Toen ik een paar jaar later toelatingsexamen deed voor het conservatorium kwam ik een pittige meid met kort haar en een vrolijk gezicht tegen. Ze studeerde aan de universiteit in Utrecht en had zingen als hobby. We raakten aan de praat en ik at een appel. Daar moesten we later altijd vreselijk om lachen, want dat was ongeveer de enige keer dat ze me op school een appel zag eten. Normaal zat ik altijd aan een broodje bal of een bapao. Ik weet nog dat ik dacht: waarom wil zo'n studentikoos type nou ineens zang studeren? Dat kan nooit wat worden! Later biechtte ik dat aan haar op en zij zei dat ze op datzelfde moment had gedacht: wat een wannabe operadiva, dat kan nooit wat worden!

Ik dacht dat we elkaar nooit meer zouden tegenkomen, want zij zou in Amsterdam gaan studeren en ik in Den Haag. Maar zoals ik al heb verteld, veranderde mijn plan en koos ik ook voor Amsterdam. Daar kwam ik haar weer tegen, en ik ontmoette nóg een leuke meid, die bij dezelfde zangleraar als ik studeerde. We waren altijd met z'n drieën en de mensen die ons nog van toen kennen zien ons nog gezamenlijk zitten in de kantine in de kelder van de Van Baerlestraat. Drie jonge meiden, bezeten van zingen. Alleen konden we niet de hele dag studeren, zoals de instrumentalisten, dus zaten we ook vaak te kletsen – over kunst, films, tv-programma's en muziek, maar ook over jongens.

Mijn vriendinnen vertelden vaak dat ze verliefd waren of weer een date hadden gehad. Ik had dat allemaal niet. Ik vond het alleen al heerlijk dat wij zo'n hechte vriendschap hadden. Soms vroegen ze me of ik iemand leuk vond, maar dan ontweek ik de vraag en zei voor de grap dat ik eerst een paar mooie rollen zou gaan zingen en dan het klooster in zou gaan. Nadat ze daar hartelijk om hadden gelachen ging het gesprek weer over op iets anders.

Wel kon ik me een tikje jaloers voelen als een afspraak werd afgezegd omdat er ineens een jongen op de proppen kwam. Ik snapte daar helemaal niets van. Het gebeurde in een wereld waarin ik me niet durfde of kon begeven. Nog steeds had ik niet het idee dat jongens op een romantische manier naar mij konden kijken. En zoals gezegd had ik genoeg aan onze vriendschap met z'n drieën, aan zingen en muziek, en aan opera en Maria Callas.

Was homoseksualiteit iets vreemds voor me, zo van: onbekend maakt onbemind? Dat was niet zo... In onze familie zijn diverse mensen homo en lesbisch, en in de loop der jaren werd daar ook gewoon over gesproken. Mijn ouders waren en zijn heel openminded en gaven altijd de ruimte om over homoseksualiteit te praten. Maar gek genoeg kon ik het bij mezelf jarenlang niet duiden. Ik dacht echt dat ik niet verliefd kon worden.

Toen ik toch begon te vermoeden dat ik misschien verliefd kon worden op meisjes, was ik diep vanbinnen bang dat dat naast mijn uiterlijk een extra reden voor mensen kon zijn om me af te wijzen. En dat nog wel nadat ik het eindelijk voor elkaar had gekregen om geaccepteerd te worden door vrienden en vriendinnen. Dat ik niet meer werd gepest was al zo'n enorme winst, dat mocht ik niet verspelen door weer met iets te komen wat door mensen om me heen mogelijk raar werd gevonden. Het beste was om er maar niet aan te denken. Verliefd worden en verkering krijgen was niet voor mij weggelegd.

Op het moment dat mijn vriendin van het conservatorium me in haar keuken confronteerde met de vraag of ik misschien verliefd op haar was, schrok ik dus enorm. Stel dat ik ja zei, zou ik dan onze vriendschap verliezen? Onmiddellijk ontkennen was mijn eerste reactie. Ik was altíjd groots en meeslepend in mijn vriendschap, legde ik uit. Als ik te veel voor haar was, moest ze me dat zeggen; dan zou ik iets rustiger aan doen. Maar ze hoefde niet bang voor me te zijn.

Ze nam deze uitleg aan en gaf me een bord eten. De rest van de avond was heel gezellig en ik probeerde nonchalant te doen. Thuisgekomen ging ik meteen naar mijn moeder en vertelde haar wat er gebeurd was.

Mijn moeder hoorde het verhaal aan. Als ik lesbisch was, zei ze, zou dat helemaal geen probleem zijn. Alleen hoefde deze vriendin dat nu niet voor mij al te bepalen door me er zo direct naar te vragen. Ik moest het zelf eerst rustig uitvogelen. 'Ga nou maar lekker slapen, dan gaan we morgen een mooie tas voor je kopen,' besloot ze.

Ik sliep onrustig, en inderdaad: de volgende dag kreeg ik van mijn moeder een prachtige leren aktetas, die ik jarenlang heb gebruikt en uiteindelijk na mijn coming-out mijn 'lesbische tas' heb genoemd. Toch kwam ik dat jaar niet voor mijn homoseksualiteit uit. Ik snapte mijn gevoelens nog niet goed en wilde die inderdaad zelf rustig uitzoeken.

Jarenlang bleef ik hopen dat mijn vriendin ongelijk had gehad en dat ik misschien ooit verkering zou krijgen met een jongen. Dan zou ik er net als iedereen gewoon bij horen. Ik zou trouwen en kinderen krijgen. Nog zeker zeven jaar bleef ik al mijn lesbische gevoelens wegstoppen. Elke keer als ik ermee werd geconfronteerd kwam er wel iets anders op mijn levenspad waardoor ik niet de ruimte nam om het uit te zoeken. Ik ging bijvoorbeeld nooit stappen of naar de kroeg of zoiets dergelijks. Zo ontmoette ik niet veel mensen die misschien ook op zoek waren naar verkering. De jaren gingen voorbij, en mijn studie aan het conservatorium verliep op rolletjes. Ik studeerde cum laude af en ging naar de operastudio. Deze studio was een soort vervolgopleiding die de mogelijkheid gaf om verder te studeren voor het operavak. Voor het eerst ging ik op mezelf wonen in Amsterdam. Ik was toen negenentwintig en wilde voor mijn dertigste het ouderlijk huis verlaten. Als ik dat niet deed, zou ik nooit zelfstandig worden, dacht ik.

Ik vond een kamer in Amsterdam-West en woonde voor het eerst alleen. Die ongekende vrijheid was een openbaring, maar de eenzaamheid was ook totaal nieuw voor me. Eindelijk kreeg ik de rust om over mezelf na te denken. Maar tegelijkertijd werd ik er ook onrustig van. Diep vanbinnen groeide het verlangen om met iemand anders intiem te zijn. Meer dan vriendschap. Dat verlangen werd steeds groter, en ik begreep steeds meer van de romantische liedteksten die ik al jaren had gezongen.

Toen ik tijdens een operaproductie weer idolaat werd van een van mijn tegenspeelsters en heel jaloers op haar verkering werd, moest ik het onder ogen zien: ik was verliefd op een vrouw. En deze keer fantaseerde ik voor het eerst dat ik meer met haar deed dan alleen praten. Ik sprak me natuurlijk nooit tegen haar uit; ik zou nooit iemands relatie willen kapotmaken voor mijn eigen geluk. Maar ik begon steeds meer mijn diepste gevoelens te delen met mensen die me misschien zouden kunnen begrijpen.

Zo was daar mijn vriend Maurits. Hij was al wat langer uit de kast en was altijd heel lief en ondersteunend in gesprekken over homoseksualiteit en relaties in het algemeen. Door te praten met hem kon ik mijn gedachten steeds beter ordenen. Uiteindelijk kwam ik na deze gesprekken tot het besluit om nu echt uit de kast te komen. Zodra je namelijk hardop tegen iemand uitspreekt dat je lesbisch bent, is het ook echt zo.

Ik belde Femke op, vroeg haar op de koffie en zei dat ik iets belangrijks moest vertellen. Femke wist ook over de confrontatie bij mijn andere vriendin zeven jaar geleden. Maar ik had meestal als ik over die avond sprak ontkend dat er misschien toch wel een kern van waarheid in had gezeten. Nu zou ik het niet meer ontkennen. Femke vertrouwde ik volkomen, maar toch was ik heel nerveus om het nu echt wereldkundig te maken.

Met trillende handen stond ik koffie klaar te maken. Als ik toegaf hoe ik in elkaar stak, was ik vanaf dat moment lesbisch en was er geen weg meer terug. Ik hoopte maar dat ze het niet erg zou vinden, niet zou denken dat ik misschien verliefd op haar zou zijn, en vooral: dat ze geen einde aan onze vriendschap zou willen maken. Toen gaf ik haar de koffie en vertelde dat ik verliefd was geworden op mijn collega uit de opera. Ik praatte zacht en toen het hoge woord eruit was, keek ik hoopvol en tegelijkertijd angstig naar Femke op.

Ze lachte breeduit naar me en zei: 'Hè, hè, eindelijk heb je het me verteld! Wat heerlijk voor je!'

Dat was een pak van mijn hart, maar ik was ook verbaasd. Het leek wel of ze allang wist hoe ik in elkaar stak en het helemaal geen punt vond.

Ik vroeg haar of dat zo was, en zo ja, waarom ze me dan niet eerder had kunnen zeggen dat ik lesbisch was of zoiets.

Femke moest keihard lachen en zei: 'Ik heb je er nooit mee willen confronteren, zoals je andere vriendin had gedaan, want dan hadden we misschien weer zeven jaar moeten wachten!'

Drie generaties?

Als je getrouwd bent met een vrouw is het voor vreemden soms lastig om de relatie te plaatsen. Soms wordt ons gevraagd of we zussen zijn of zoiets. Dat is dan nog het gunstigste scenario. Als ik uitleg hoe het echt zit, zie ik sommige mensen toch altijd even schrikken. Het gaat tegenwoordig steeds beter, maar van de standaardnormen afwijkende samenlevingsvormen zijn voor velen nog steeds niet heel gewoon.

Bij mij speelt er nog een ander pijnpuntje mee, namelijk dat ik in de regel veel ouder geschat word dan mijn vrouw. Zo bracht ik haar een keer op haar verjaardag naar het station. Ik moest werken en zij had voor een etentje afgesproken met een vriendin. Het station was vlakbij, maar ik bracht haar even met de auto. Ik had alleen mijn portemonnee thuisgelaten en daar zat mijn rijbewijs in. Ik reed snel weg, want de trein zou bijna vertrekken. Het verkeerslicht stond op oranje, maar ik besloot gas te geven, en volgens mij reed ik ook nog door oranje, maar de politieauto die achter me aan kwam, zette me langs de kant.

Beschaamd schoof ik mijn raampje open en een agent keek me meewarig aan. Ik bood meteen mijn excuses aan in de hoop boetes te voorkomen voor door rood rijden en mijn rijbewijs niet bij me te hebben. Ik gooide alles in de strijd, vertelde dat Jacqueline jarig was, dat ze de trein moest halen, dat ik dacht dat het verkeerslicht nog oranje was. Blijkbaar was ik overtuigend, want de agent stopte zijn bonnenboekje weer in zijn zak. En hij zei iets waardoor ik op mijn tong moest bijten, omdat ik tegelijkertijd door het oog van de naald was gekropen.

Hij zei tegen me: 'Mevrouw, u moet me beloven nooit meer door rood te rijden. Als er iets ergs zou gebeuren en u zou een ongeluk krijgen, kunt u uw dochter nooit meer naar het station brengen!'

Niet lang daarna vond er iets vergelijkbaars plaats. Ik ging samen met mijn moeder en Jacqueline naar een bruiloft van een achterneef van me. Het was een bijzondere gelegenheid en we hadden afgesproken dat we daarna met z'n drieën een schnitzel zouden gaan eten bij de Van der Valk bij ons in Nootdorp. Dus na de bruiloft reden we naar het restaurant en namen plaats, waar we honderduit begonnen te praten over de bruiloft.

Een echtpaar dat naast ons al lekker zat te eten keek geamuseerd naar ons. Op een gegeven ogenblik stond de vrouw op en liep naar ons tafeltje. Ze keek ons lief aan en zei: 'Wat een gezellig gezelschap zijn jullie. Mag ik vragen of jullie drie generaties zijn?' Bij die vraag keek ze mijn kant op.

Ik antwoordde haar: 'U bedoelt dat dit mijn moeder zou zijn en dat mijn dochter?' Ik wees eerst naar mijn moeder en toen naar Jacqueline.

'Ja, precies,' zei de vrouw enthousiast.

Ik was te verbouwereerd om uit te kunnen leggen hoe het zat. Dat deed mijn moeder, toen ze eindelijk uitgelachen was. Ik was blij dat net mijn schnitzel voor mijn neus werd neergezet en bedacht me dat ik snel eens nieuwe haarverf moest gaan kopen.

Ideale

Paolo Tosti was een Italiaanse componist uit de 19e eeuw die vooral bekend is geworden om zijn lichtvoetige, mooie liederen. De wereldberoemde Enrico Caruso zong ze vaak en droeg bij aan alle roem. Het lied 'Ideale' hoorde ik voor het eerst in de versie van mijn vriend Rob. Sindsdien heb ik dat lied in mijn hart gesloten en zing ik het waar ik maar kan op concerten en andere gelegenheden.

'Io ti segui come ride di pace lungo le vie del cielo...'

'Ik heb je als een regenboog gevolgd langs de paden van de hemel...'

Voor mij is Venetië een van de mooiste steden die ik ooit heb mogen bezoeken. Deze stad had ik leren kennen door de film *Death in Venice* en door *Brideshead Revisited*, de tv-serie uit de jaren tachtig. Ze maakten diepe indruk op mij. De kleuren van de stad en de romantiek van de verhalen die werden verteld... Groot was mijn vreugde toen mijn vrouw en ik besloten om op onze huwelijksreis naar Venetië te gaan.

We gingen in mei, tijdens een prachtige lente. In die periode is het in Venetië iets minder druk dan in de zomer, hoewel er toch wel al duizenden toeristen waren. Maar we konden de stad goed bekijken zonder omvergelopen te worden.

Venetië overtrof mijn stoutste verwachtingen. Het was werkelijk een stad gehuld in aquatinten zoals Charles Ryder, de hoofdfiguur in *Brideshead Revisited*, het al had beschreven.

Daarnaast was het wonderlijk om te ervaren dat er nergens auto's rondreden. Alles in de stad is te belopen, of je vaart over de kanalen met de bootbus, de *vaporetto*. Wij namen elke dag de waterbus en zagen vanaf de kanalen de prachtigste paleizen en kerken.

Natuurlijk mocht een bezoek aan het San Marcoplein niet ontbreken. Ondertussen zag ik steeds de gondels met de bekende bijbehorende gondeliers voorbijvaren; relaxed boomden ze voort, een sigaret bungelend aan de lippen. Ik wilde heel graag ook een keer op zo'n prachtige gondel samen met mijn geliefde romantisch door de kanalen varen. Tijdens onze wandelingen had ik al steeds stiekem gekeken hoe duur het was. Ik was nog een beginnende zangeres en ben eigenlijk ook een beetje gierig, dus ik schrok me dood toen ik ontdekte dat een boottochtje van tien minuten zo'n honderdzestig euro zou gaan kosten... Snel liepen we weer door en namen de vaporetto.

Maar twee dagen later raakten we in het hotel bij het ontbijt in gesprek met een Schots echtpaar. We vertelden elkaar wat we al hadden gezien en hoe mooi we de stad vonden. De twee Schotten vertelden dat ze nog één ding heel graag wilden doen, namelijk een tochtje maken met een gondel.

Nou staan Schotten, net als Hollanders, bekend om hun zuinigheid. Alle vier vonden we zo'n gondelvaart nogal duur. Romantiek is leuk, maar moet wel betaalbaar blijven!

Ineens kreeg ik een idee; waarom zouden we niet met z'n vieren een gondeltocht maken? Als we met onze ruggen tegen elkaar gingen zitten, leek het of je alleen met je geliefde in de gondel zat – romantiek, maar dan voor de helft van de prijs!

Zo gezegd, zo gedaan. We togen met z'n vieren naar een kanaal in de buurt. Daar vonden we een schitterende gondel met een knappe gondelier, compleet met gestreepte trui, rieten hoed en Gucci-zonnebril. We werden op de boot geholpen en gingen met onze ruggen tegen elkaar aan zitten.

Het was een prachtige tocht. De kanalen, het langzame varen, de *palazzi*, mijn geliefde naast me... Het was die droom die ik helemaal voor me had gezien. Alleen ontbrak er toch iets... De gondelier zong niet! Ik had gehoopt dat er voor die honderdzestig euro toch op z'n minst wel een 'O sole mio' zou komen, maar niets daarvan.

Ik keek op mijn horloge en zag dat er al vijf van de tien minuten verstreken waren, dus ik vroeg in mijn beste Italiaans: 'Wanneer gaat u nou zingen?'

De gondelier keek verbaasd om en zei dat hij dat helemaal niet kon.

Hier zag ik mijn kans.

Nou moet ik er even bij vertellen dat ik heel vaak op reis of tijdens vakanties weleens zomaar zing in restaurants of gelegenheden. Niet altijd tot vreugde van mijn echtgenote, overigens. Ik weet nog dat ik tijdens de Romereis van de middelbare school een aria ten gehore bracht in een restaurant. De uitbater vond het zo bijzonder om een vijftienjarig meisje in het Italiaans operarepertoire te horen zingen, dat onze hele groep getrakteerd werd op cappuccino na onze pizza.

Maar nu weer terug naar die bewuste vaart tijdens mijn huwelijksreis.

Tegen de gondelier zei ik in mijn redelijk krakkemikkige Italiaans: 'Maar ik wel! Zal ik een mooi lied laten horen?'

De gondelier keek verveeld terug, maar het Schotse echtpaar was enthousiast. Dus ik begon en zong het lied van Paolo Tosti, ‘Ideale’. Over een verliefde man die zijn geliefde herkent in alle bloemen en de natuur om hem heen. Mijn stem klonk prachtig in de kanalen en klaterde tegen de muren van de palazzi op. En er gebeurde iets wonderlijks: mijn lied werd gehoord door toeristen. De bruggetjes waar we onderdoor voeren, stroomden vol met publiek. Iedereen luisterde aandachtig en ik geloof dat de mensen zich even in een film waanden. Toen ik klaar was met het lied klonk er een daverend applaus over de kanalen. De gondelier keek tevreden naar boven en ik kreeg schouderklopjes van de Schotten. Mijn geliefde keek trots en verliefd en ik dacht: nu krijgen we korting.

We meerden aan bij de kade. De gondelier hielp ons galant uit de boot en bedankte ons hartelijk voor een vaart die hij niet snel zou vergeten. En misschien konden we dan nu meteen even die honderdzestig euro betalen?

Ave Maria

Ik denk dat ik in mijn leven al meer dan duizend keer het Ave Maria heb gezongen, bij allerlei gelegenheden: bruiloften, begrafenissen, Kerstmis, voor radio en tv, en ook bij de jaarlijkse Kerst Sing-Along in het Atrium te Den Haag, samen met Gregor Bak. Hij is naast Femke de andere pianist met wie ik ook al jaren samenwerk.

Meestal zing ik of het Ave Maria van Schubert of het Ave Maria van Bach/Gounod. Ik heb overigens een muziekboek met wel dertig versies van het Ave Maria. Elke componist schrijft er wel één. Zo zijn er ook Ave Maria's van Caccini, Tosti, Luzzi, Cherubini, Bruckner en Verdi.

Eén keer dat ik het Ave Maria van Bach/Gounod zong zal ik nooit meer vergeten. Het was tijdens de lichtprocessie in de bedevaartplaats Lourdes.

Sinds het jaar 2000 ben ik ongeveer achttien keer in Lourdes geweest, als vrijwilliger bij de Limburgse Bedevaartorganisatie. En ik ben lid als brancardier bij de vereniging Clan des Hospitaliers Notre Dame, van oudsher een Lourdesgroep die zijn oorsprong had in de scouting. Ons uniform herinnert daar nog aan, want we lopen allemaal in een donkerbruine broek met kaki overhemd met daaroverheen een wit sjaaltje. Op ons overhemd prijken insignes en we werken in een hiërarchie die bekend is vanuit de scouting.

In mijn jeugd had ik al veel over Lourdes gehoord. Mijn opa en oma waren er een keer geweest en mijn opa dronk nog steeds water uit het plastic Mariabeeldje met de blauwe schroefdop in de vorm van een kroon. Het water bedierf niet, zei mijn opa, en ik kon dat nadat ik zelf water had meegenomen uit Lourdes altijd beamen. Ik heb nog steeds jerrycans vol gewijd water uit de bron. Als ik me niet helemaal lekker voel, kan een slokje Lourdes-water me er soms bovenop helpen. Of dat een wonder is weet ik niet. Het is wel heel bijzonder dat veel mensen die Lourdes-water in huis hebben daar dezelfde krachten aan toedichten.

Ik kwam bij de Lourdes-groep door een medestudente op het conservatorium. Zij ging al jaren met haar moeder mee, die daar verpleegkundige was. Vaak vertelde ze erover als ze net terugkwam van een bedevaart. Ik vond haar verhalen prachtig en vroeg haar hoe ik er ook bij kon komen. Wat moest je ervoor kunnen? Ik merkte namelijk dat ik, nu ik een paar jaar op het conservatorium zat, het maatschappelijk werk soms miste. Het conservatorium was geweldig – de muziek, de mensen, de concerten. Het enige nadeel vond ik dat je steeds zo met jezelf bezig was. Natuurlijk waren zelfreflectie en zelfontplooiing prima, maar dat leidde ook tot jaloezie en prestatiedwang. Geldingsdrang werd erg gestimuleerd. Ik miste het om iets te doen voor andere mensen. Gewoon even een weekje onbaatzuchtig er voor anderen zijn. Lekker je handen uit de mouwen te steken en een mooie reis verzorgen voor mensen die dat hard nodig hadden. Toen ik dat aan mijn medestudente uitlegde, gaf ze me de gegevens van de Clan en ik gaf me op. Zo begonnen mijn jaren als vrijwilliger te Lourdes.

In het kleine dorp Lourdes in de Franse Pyreneeën woonde halverwege de negentiende eeuw de familie Soubirous. Door pech was deze familie arm geworden en uiteindelijk ging het gezin in een gevangenis wonen die onbewoonbaar was verklaard voor criminelen. In dat natte en koude cachot groeiden de kinderen Soubirous op. Een van hen was Bernadette, die leed aan astma. Ze kon niet goed leren en zat op haar veertiende nog steeds op de lagere school.

Op een dag ging Bernadette samen met haar zusje en een vriendinnetje hout sprokkelen in het bos bij de rivier de Gave. Terwijl het zusje en de vriendin al de rivier door gewaad waren naar de andere oever, was Bernadette nog bezig haar kousen uit te trekken. Op dat moment verscheen in een nis van de grot naast haar een heel mooie jonge vrouw. Bernadette zag haar en het viel haar op dat ze de rozenkrans bad.

Een paar nachten later kreeg ze een onbedwingbare behoefte om terug te gaan naar de grot en wederom verscheen de vrouw aan haar. In totaal zag Bernadette haar achttien keer. De jonge vrouw stelde zich aan haar voor als 'de onbevlekte ontvangenis'. Die term was een paar jaar daarvoor door paus Pius IX ingesteld als nieuw dogma in de katholieke kerk. Hiermee kreeg de moeder van Jezus een nieuwe status. Omdat Maria zonder zonden was, kon ze de moeder van Christus zijn. 'Onbevlekte ontvangenis' was een theologische term en iedereen in het dorp – ook de ouders van Bernadette – was van mening dat Bernadette die nooit eerder kon hebben gehoord. Daarmee werd bewezen geacht dat Bernadette inderdaad verschijningen had gekregen van de Heilige Maagd Maria.

Op de plek van de verschijningen verscheen in diezelfde tijd ineens uit het niets een bron. Iedereen die zich daar waste of ervan dronk kon genezen van kwalen en ziektes.

Het andere wonderbaarlijke dat de bedevaartplaats zo geliefd maakte was dat tijdens de verschijningen steeds meer mensen getuige waren van de religieuze extase waarin Bernadette raakte zodra ze de jonge vrouw zag. Niemand anders zag haar, maar iedereen was getuige van de rust en sereniteit die over Bernadette kwamen als ze de verschijning zag. Ook brandde ze haar hand niet toen ze een keer een kaars met haar hand beschermde en te dicht bij de vlam kwam.

Deze wonderlijke gebeurtenissen zorgden ervoor dat vanaf 1858 vele gelovigen naar Lourdes trokken om zelf ook iets te beleven van het wonder. Het dorpje werd naast Parijs de tweede grootste hotelstad van Frankrijk. Tegenwoordig komen er jaarlijks miljoenen pelgrims naartoe. Lourdes is voornamelijk een bedevaartoord waar mensen naartoe gaan die hopen op genezing van ziektes en kwalen.

Vandaar dat er over de hele wereld veel organisaties bestaan die Lourdes-reizen verzorgen. De Limburgse Bedevaartorganisatie is een van die twee Nederlandse organisaties. Zij regelt alle praktische reisbenodigdheden voor de pelgrims. Daarnaast organiseert ze de groepen vrijwilligers die bedevaartgangers begeleiden: artsen, verpleegkundigen en brancardiers. Zij zorgen voor alle hulpbehoevenden. Ook gaat er altijd een groep geestelijken mee: kapelaans, pastoors en de Bisschop van dienst, die het geestelijke programma van de pelgrimage verzorgen. Een Lourdes-reis duurt meestal een week. Mensen gaan met de trein, de bus of het vliegtuig naar Lourdes en werken in die week een heel programma af. Er zijn programmaonderdelen die vanuit Lourdes dagelijks georganiseerd worden en waaraan elke Lourdes-groep mee kan doen: de Lichtprocessie, de Sacramentsprocessie, de Internationale Heilige Mis, en de missen bij de grot. Daarnaast kunnen Lourdes-groepen zelf ook nog eigen vieringen organiseren in de Bernadette-kapel, zoals de opening, de sluitingsviering en de handoplegging. Er zijn ontspanningsmiddagen met onder andere een feestmiddag voor de pelgrims die in het ziekenhuis op de Heiligdommen verblijven. Dergelijke middagen verzorgen wij altijd met de Clan. Een middag met liedjes zingen, een bingo, of loterij. Met mooie prijzen, die we zo goed mogelijk verdelen onder de aanwezigen. Vaak is er een grote hoofdprijs: een Mariabeeld uit een van de vele winkeltjes die Lourdes rijk is. Ik zie nog het gezicht van de oudere dame voor me die een keer zo'n beeld had gewonnen. Tranen van blijdschap stroomden over haar wangen.

Vanzelfsprekend zong ik veel in Lourdes. Dat is namelijk zo fijn van zingen: je hebt er niets anders voor nodig dan je stem, en die heb je altijd bij je. Als we in opstelling moesten wachten voor een processie werd me vaak gevraagd om een mooi oud Nederlands Marialied te beginnen. Er bestaan er verschillende, zoals bijvoorbeeld: 'Te Lourdes op de bergen', 'Oh sterre der zee' en 'Salve regina'. Algauw zong de groep met me mee. Of pelgrims vroegen me, terwijl we de rolstoelen terugduwden naar het ziekenhuis, om een 'Panis angelicus' te zingen. Ik deed dat altijd zonder terughoudendheid. Ik had mijn gave immers gekregen van Onze-Lieve-Heer en hier kon ik iets daarvan aan de mensen geven zonder druk, zonder dat ik applaus hoefde en zonder dat ik afgerekend werd op de kwaliteit van de uitvoering.

Toen ik vaker was meegegaan met de bedevaarten deed het gerucht de ronde dat ik mooi kon zingen. Soms kwam ik in gesprek met bedevaartgroepen uit andere landen en vroegen de pelgrims uit Ierland of ik ook voor hen iets kon zingen. Natuurlijk was dat altijd het Ave Maria. En ik zong voor hen hun bekendste volksliedje: 'The Salley Gardens'. Dat vonden ze zo prachtig dat ik zelfs een keer door de Lourdes-groep uit Dublin werd geëerd met de titel Honorary Dub, oftewel ereburger van Dublin. Voor de Italiaanse groepen zong ik geregeld aria's van Bellini of Puccini. En bij de Fransen had ik weer een Frans lied paraat. Maar het Ave Maria was altijd goed.

Op een dag kwam een hooggeplaatste Franse brancardier die op de Heiligdommen zelf werkte naar me toe. Hij vond dat ik zo mooi zong en wilde regelen dat die avond iedereen daarvan kon genieten. Hij vroeg of ik tijdens de Lichtprocessie naar de voorkant van de basiliek kon komen. Het was het bedevaartjaar waarop ik mijn jongere broer Tim mee had genomen; hij was na al mijn enthousiaste verhalen benieuwd geworden en draaide voor de eerste keer als vrijwilliger mee. Ik kon Tim op het moment dat ik was gevraagd om op te treden tijdens de Lichtprocessie niet vinden om het leuke nieuws te vertellen; we zaten in verschillende ploegen en hadden dus andere taken. Wat jammer nou dat hij niet wist dat ik daar 's avonds zou zingen!

Na het eten in onze verblijfplaats voor vrijwilligers boven in de stad zouden we ons samen met de pelgrims rond acht uur verzamelen onder de bogen van de basiliek voor het hoogtepunt van die dag en misschien wel van de week: de Lichtprocessie. Dat is een gezamenlijk rozenkransgebed als afsluiting van de dag op de Heiligdommen.

Het rozenkransgebed bestaat uit het 'rozenhoedje' – dan bid je één keer de kralenkrans rond: het kruisteken, de geloofsbelijdenis, drie Weesgegroetjes en vijf tientjes van telkens het Onzevader, tien Weesgegroetjes en het Eer aan de

Vader. Dit bidden gebeurt allemaal terwijl we in een grote optocht naar de ingang van de basiliek lopen. Alle bedevaartgroepen stellen zich daar op. Veel pelgrims zijn niet mobiel en worden geduwd in een rolstoel of liggen op een brancard. Degenen die wel mobiel zijn, helpen mee of lopen naast hun geliefden mee in de processie. Iedereen heeft voor die gelegenheid een kaars bij zich met een vierkant kartonnetje eromheen dat moet voorkomen dat de wind de kaars uitblaast. Op het kartonnetje staan de teksten van de belangrijkste Lourdes-liederen: 'Te Lourdes op de Bergen' en het Ave Maria.

Ik liep graag met de stoet mee, maar ik heb de processie ook een keer bekeken vanaf de basiliek. Je ziet dan in de steeds donkerder wordende avond duizenden mensen in een lange, brede rij rustig lopen, allemaal met een brandende kaars in de hand. Je hoort de gebeden en tussendoor wordt het Lourdes-lied gezongen. Zo'n grote sliert langzaam bewegend licht, begeleid door gezang, biedt een sprookjesachtige aanblik.

Het ontroert me nu weer als ik het zo opschrijf. Elke keer als de tekst 'Ave, Ave' wordt gezongen, steekt iedereen zijn kaars omhoog. Dan zie je die hele sliert licht in een wave omhooggaan. Het is heel bijzonder om te zien. Kippenvel en een gevoel van saamhorigheid overmant me dan.

Op het laatst komen alle mensen in goed georganiseerde groepen voor de basiliek te staan en vaak mogen koren uit verschillende landen daar dan het gebed muzikaal opluisteren.

Die avond was er een koor uit Italië, maar ook ik zou daar gaan staan op voorspraak van de hooggeplaatste Franse brancardier deze avond. Met kloppend hart verliet ik de rij pelgrims om naar de trappen voor de basiliek te lopen.

De Franse brancardier had me gezegd hoe laat ik me kon melden. Ik stond voor de basiliek en zag ongeveer zestigduizend mensen voor me, allemaal met een kaarsje in de hand en zwaar onder de indruk van alles wat ze meemaakten. Ik kreeg na het laatste gebeden tientje een microfoon in mijn handen gedrukt. Mijn zang zou over de hele Heiligdommen te horen zijn.

Daar stond ik in mijn scoutinguniform met witte das. Het werd even heel stil. Ik deed mijn mond open en zong het lied dat ik al zo vaak gezongen had. Op deze plek en op dit moment was het wel zo bijzonder dat ik voelde dat mijn keel werd dichtgeknepen van emotie. Ik zong veel harder dan ik normaal zou doen en dacht weer aan mijn eigen motto: bij twijfel hard zingen. En jawel, mijn stem galmde over al die mensen heen. Ik zal dat moment nooit meer vergeten.

Toen ik klaar was, bleef het even stil. Maar toen gebeurde er iets wat normaal niet vaak gebeurde, zei de Franse brancardier na afloop tegen me: al die zestigduizend mensen applaudisseerden voor me en waren door het dolle heen.

Ik boog, maar liep ook wat beschroomd weg. Ik vond het natuurlijk heerlijk om zo toegeklapt te worden, maar daar moest het niet om gaan. Het was heel dubbel. Mijn publiek was nog nooit zo groot geweest, maar het was tegelijk een heilig moment om het licht te vieren. Later bedacht ik dat die dubbelheid niet erg was. Ik had nu eenmaal een groot talent gekregen en kon daar mensen blij mee maken. Het was dus oké.

Na het zingen liep ik terug naar mijn groep en kwam daar ook mijn broer Tim weer tegen, die voor het eerst de Lichtprocessie had meegemaakt. Ik vroeg hem hoe hij het had gevonden.

Hij vertelde dat hij de rolstoel van een leuke oudere dame had mogen duwen en dat het gezellig en mooi was geweest. Op het moment dat het 'Ave Maria' klonk, had mijn broer opgekeken; die stem kwam hem wel heel bekend voor. Hij had hardop moeten lachen en had gedacht: Francis heeft het weer voor elkaar gekregen!

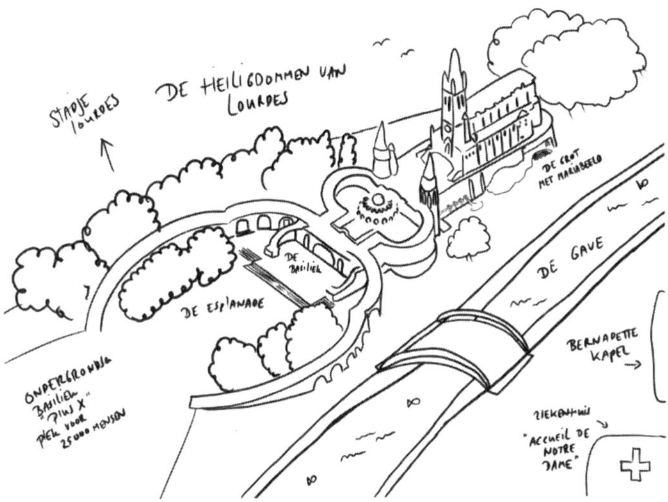

Perche me ne rimuneri così!

‘*Waarom betaalt u me zo terug!*’
(Uit: *Tosca* van Giacomo Puccini)

‘Je weet zelf wel dat je deze rol walgelijk hebt gezongen!’

In de Rotterdamse Schouwburg stond ik tegenover de directrice van het operagezelschap waar ik op dat moment de hoofdrol mocht vertolken van Suor Angelica in de gelijknamige opera van Puccini. Het was de laatste voorstelling geweest in de tournee vlak voor Kerstmis, en in het afgelopen jaar was ik gaan merken dat ik door mijn succes als operazangeres de gunst van mijn directrice was kwijtgeraakt.

Toen ik door haar werd uitgenodigd om als vaste sopraan het ensemble te komen versterken was alles nog koek en ei geweest. Ze had me gezien bij het Internationaal Vocalisten Concours in Den Bosch, waar ik de halve finale had bereikt, en ze zag iets in me. Ik leek op Rivella Light, zei ze, ‘een beetje vreemd, maar wel lekker!’

Ze bood me in navolgende gesprekken een tweejarig contract aan naar Duits model. Zoiets bestond nog niet in Nederland, maar ze vond dat jong Nederlands talent een kans moest krijgen. Ik was nog maar net een jaar afgestudeerd, deed al audities in Duitsland en ik nam dus deel aan zangwedstrijden. Ik probeerde eraan te wennen dat ik waarschijnlijk een paar jaar in het buitenland zou moeten gaan werken om de nodige ervaring op te doen. Zo ging het namelijk altijd, want in Nederland is de operacultuur niet heel groot en zijn er maar drie grote nationale gezelschappen en wat kleinere operahuisjes. Desondanks studeren wel veel zangers af aan de diverse Nederlandse conservatoria en al die mensen dromen ervan om ooit op het toneel te staan in een prachtige operarol. Uiteindelijk lukt dat maar een handvol mensen. Er is veel concurrentie, vooral onder sopranen en baritons; daar zijn er altijd honderden van. Je hebt mazzel als je een tenor of een alt bent.

Dus toen ik het aanbod kreeg om twee jaar in Nederland mooie rollen te zingen wist ik niet wat me overkwam. De directrice had zelf ook veel opera gezongen. Ze gaf les en was flamboyant en geestig. Ik had haar weleens gezien in een rol, en ze zong prachtig. Ze had voor mijn tweejarig contract goed gekeken in welke rollen ik als jonge zangeres tot mijn recht zou komen. Ik zag dat er in deze periode een opera was geprogrammeerd die ik graag wilde doen. Tijdens de onderhandelingen met haar en de zakelijk leider zei ik dat ik tot alles bereid was – desnoods ieders schoenen poetsen – als ik in ieder geval maar de titelrol zou mogen zingen in de opera *Suor Angelica* van Giacomo Puccini. Ze gingen akkoord en ik werd aangenomen als vaste zangeres bij het gezelschap.

Ik kon mijn geluk niet op. De komende twee jaren mocht ik prachtige opera's zingen en werken met geweldige regisseurs en dirigenten. Ik zou wel moeten verhuizen naar het zuiden van het land, dus er viel veel te regelen. Ik werd een soort van volwassen...

Ik zeg altijd gekscherend dat ik in dat bewuste jaar alles van het internet heb gehaald: mijn huis, mijn nieuwe auto en mijn verkering. Jacqueline had ik ontmoet via een website voor lesbische vrouwen. Eerst hadden we een paar maanden online gechat en na een paar maanden volgde de echte kennismaking bij een gezellig etentje. De vonk sloeg over en ik kreeg voor het eerst in mijn leven verkering.

Het huis in Limburg was snel gevonden en Jacqueline raadde me aan mijn rijbewijs te halen en een auto te kopen. In Limburg is met al die heuvels een auto wel zo praktisch, zeker als je buiten de stad ging wonen. Mijn huis lag in een dorpje in het Geuldal.

Binnen twee maanden had ik in Amsterdam mijn rijbewijs gehaald. De instructeur was een enige Turkse man die me na een succesvolle les altijd naar een snackbar liet rijden om me op iets lekkers te trakteren. 'Jij hebt zo goed gereden, jij krijgt van mij een ijs.'

En zo reed ik in augustus naar mijn nieuwe woonplaats, naar mijn nieuwe baan. De zon scheen en het leven lachte me toe.

Gedurende het eerste jaar bij het gezelschap speelde ik in drie producties. In de eerste productie zong ik de hoofdrol in de prachtige operette van Franz Léhar *Die Lustige Witwe,* een geestig verhaal waarin een boerenmeisje een rijke weduwe is geworden en dan haar vroegere geliefde weer tegenkomt uit haar geboorteland Pontevedro in de grote stad Parijs.

Mijn tegenspeler was een gezellige bariton die ik nog kende van het conservatorium in Amsterdam. Voor de periode van de productie zocht hij naar woonruimte. Omdat ik een mooi vrijstaand huis had gevonden met een extra kamer, bood ik hem aan om bij mij te komen logeren. Hij zou mijn commensaal worden – een mooi woord voor kostganger. Hij hoefde geen huur te betalen, maar alleen mee te doen met de boodschappen en andere kleine kosten. Voor hem was het een uitkomst. Zijn vrouw had net een baby gekregen en de gages waren geen vetpot.

In de weken dat hij er was hadden we veel lol. Eerst gingen we de hele dag repeteren. Voor deze operette hield dat in dat we veel moesten dansen en de Weense wals onder de knie moesten krijgen. Daar waren we allebei niet zo goed in. Door het vele dansen met hem viel ik in al die weken wel zeven kilo af. Als we 's avonds doodmoe thuiskwamen, gingen we lekker koken en praten over muziek en films. Onze film- en muzieksmaak kwamen erg overeen. En we boden steeds meer tegen elkaar op bij wat we allemaal aan elkaar wilden laten zien.

Nadat we de eerste week hadden gerepeteerd en in de avond lekker hadden zitten eten, drinken en ouwehoeren, zeiden we tegen elkaar: 'Misschien moeten we 's avonds ook een beetje uitrusten. Anders houden we dit leven nooit vol en kunnen ze ons nog voor de première opvegen.'

We leerden dat we ook onze eigen gang konden gaan. In de rest van de tijd vonden we een prettige manier om zowel te repeteren als samen te wonen. Dat we elkaar goed leerden kennen, kwam ons samenspel op het toneel in elk geval ten goede.

De directrice van het operagezelschap was tevreden en stimuleerde ons op alle mogelijke manieren. Ze vond het heerlijk om na de repetities met ons te gaan borrelen en vertelde dan graag over haar carrière en wat ze allemaal had meegemaakt. Ze wilde ons goede raad meegeven en stond altijd voor ons klaar. We hoefden alleen maar even te bellen.

Deze tijd zal ik nooit meer vergeten. Ik had een prachtige baan en kreeg van de leiding alle steun. Met mijn collega's ging ik prettig om. Ik woonde in een vrijstaand huis en mocht doen wat ik het liefst deed. Daarnaast was ik stapelverliefd op Jacqueline en zij op mij. Ik voelde me voor het eerst van mijn leven mooi!

Dat laatste gevoel werd bij deze productie nog eens versterkt door de prachtige kostuums die me werden aangemeten. Het gezelschap had een fantastische kostuumafdeling die prachtige dingen maakte. Voor deze operette waren de kostuums in de stijl van de jaren vijftig. Prachtige baljurken waren er, en ik mocht in de tweede akte een schitterend ensemble dragen met een Marlene Dietrich-broek en Hongaars bolerootje. Mijn haar zat strak in een mooie chignon achter op mijn hoofd. Het zat precies zoals Callas haar haar weleens had gedragen.

Dat ik me mooi voelde, zag je terug op het toneel. Ik werd uitstekend geregisseerd en zong steeds beter in de repetities. Op de première werd er een enorme bos rode rozen in mijn kleedkamer gebracht. Die waren van de regisseur, als toitoitoi voor de première. Ik weet nog dat ik toen dacht: nu is mijn leven als operazangeres en geliefde diva echt begonnen.

De rest van dit eerste jaar bij het gezelschap zong ik in nieuwe producties en alles ging goed. Ik leerde steeds nieuwe collega's kennen en leerde meer en meer over zingen – ook over de omgang met soms lastige collega's, trouwens. Met de technische dienst en de mensen van het kostuumatelier had ik veel plezier. Kortom, ik voelde me steeds meer thuis in het bedrijf en dacht dat ik goed mijn best deed. Soms kon de directrice plotseling vanuit het niets tegen me zeggen dat ik echt niet zo goed was als ik wel dacht. Maar dan dacht ik dat er op dat moment vast iets vervelends aan de hand was waardoor ze zoiets zei. Dan moest ze zich blijkbaar even op mij afreageren. Bovendien zag ik alles wat iemand zei die ik hoog had zitten als opbouwende kritiek en zocht ik er niet al te veel achter. Sterker nog: ik vond het belangrijk om van mensen die goed waren zo veel mogelijk te leren.

Gedurende deze periode volgde ik ook zanglessen bij een zangpedagoge die gespecialiseerd was in de muziek van Mozart. Die manier van zingen was voor mij altijd lastig. Ik heb immers een grote stem, en die is niet in alle stijlen zo gemakkelijk te hanteren.

Mijn stemvak groeide van 'jugendlich dramatische sopraan' naar 'dramatische sopraan'. Mensen vragen me vaak wat dat nou precies betekent. En waarom 'jugendlich dramatisch' een Duitse term is. Dan leg ik uit dat mensen verschillende soorten stemvakken hebben. En deze hebben dan weer vastgelegde namen. Zo weet iedereen in ons vak wat deze namen betekenen. Zo kunnen dirigenten en regisseurs sneller bepalen in welke rollen je zangers kunt neerzetten. Je kunt stemvakken heel eenvoudig onderverdelen in sopraan, alt, tenor en bas. Zo worden koren over het algemeen ook ingedeeld. De sopranen en de tenoren zijn dan de hoge stemmen en de alten en de bassen zijn de lage. Maar in de opera zingen we niet alleen in koren. Daar zijn er veel solisten en iedere solist heeft zijn eigen stem. Het stemvak geeft niet alleen de hoogte of laagte aan die iemand kan bereiken, maar ook de kracht die in de stem zit. Er wordt ook gekeken of de stem flexibel is, met veel coloraturen. Coloraturen zijn versieringen in aria's, die vaak bestaan uit snelle, moeilijke loopjes. Daarnaast zegt de kleur van je stem ook in welk stemvak je past: het timbre. Aan de hand van al deze maatstaven kun je zangers veel nauwkeuriger classificeren, bijvoorbeeld van een heel lichte lyrische sopraan naar de zwaarste sopraan versie oftewel de dramatische sopraan. Hetzelfde geldt voor mezzosopranen, alten, tenoren, baritons en bassen. Er bestaan ongeveer vierentwintig verschillende stemsoorten.

In de muziekgeschiedenis hebben mensen ook in verschillende stijlen gezongen. De muziekstijl bepaalt mede welke stem geschikter is voor een bepaalde periode of componist, want zangtechnisch kunnen verschillende muziekstijlen dus verschillend benaderd worden. Dat heeft te maken met de ontwikkeling van de muziek en de orkestgrootte. In de baroktijd in het begin van de achttiende eeuw bijvoorbeeld waren de orkesten nog niet groot en schreef Händel voor castraten die veel coloraturen zongen. In de klassieke periode aan het einde van de achttiende eeuw worden de orkesten wat groter. En vanaf de negentiende eeuw en de ontwikkeling van de romantiek worden de orkesten weer groter en luider. De stemmen en manier van zingen moesten daarin mee ontwikkelen. En aangezien we onversterkt zingen, zijn grote stemmen dus meer geschikt voor het latere romantische repertoire.

Mijn eigen stem is het meest geschikt voor het Italiaanse repertoire van de late negentiende eeuw. Componisten componeren vaak lange melodische zanglijnen met stevige orkestrale begeleiding. Ik zing graag Puccini en Verdi, maar toen ik net begon met zingen was mijn stem nog niet helemaal uitgerijpt en ik wilde ook graag begrijpen hoe ik kon zingen in de stijl van de klassieke opera uit de achttiende eeuw.

Daarom nam ik les bij deze grote Mozart-vertolkster, zonder te beseffen dat dat niet goed viel bij de directrice van het operagezelschap. Zij bleek de zangpedagoge te beschouwen als een enorme rivaal. Ze voelde het als een soort verraad naar haar dat ik les bij deze vrouw ging nemen. Alleen zei ze me dat niet direct in deze bewoordingen. Ze liet me het op een heel andere manier merken tijdens mijn eerste functioneringsgesprek aan het einde van mijn eerste jaar in dienst. Ik moest op kantoor komen, en plotseling was alles wat ik het afgelopen jaar had gedaan niet goed. Ik was, zo zei ze, slechter gaan zingen. Ik nam het vak niet serieus en moest echt beter mijn best doen.

Ik begreep er niks van. Het hele jaar had ik goede recensies gekregen en elke voorstelling reageerde het publiek enthousiast. Mijn collega's vonden het fijn om met me samen te werken. Ik had veel plezier in mijn vak en studeerde hard op al mijn rollen. Ik was ook nooit ziek en kwam nooit te laat. Ik vroeg wat ik kon doen om me nog meer te verbeteren.

De directrice raadde me aan een andere zangpedagoge te zoeken en vond dat ik het best bij haarzelf les kon nemen; zij was immers het best op de hoogte van mijn ontwikkeling. Als ik op deze manier zou doorgaan, moest ik vooral niet denken dat ik de rollen waarvan ik droomde ooit zou kunnen zingen!

Ik zei dat ik erover zou nadenken, maar vroeg nog wel of het verplicht was om les te nemen bij haar.

Dat bleek niet zo te zijn en het bedrijf kon dat contractueel ook niet afdwingen.

Dit was de eerste keer dat ik moest omgaan met tegenslag in mijn vakgebied. Ik snapte niet goed waar haar kritiek vandaan kwam en nam me voor het komende jaar nog beter mijn best te doen. Maar ik was ook eigenwijs. Ik heb altijd de zanglessen genomen die ik voor mezelf op dat moment belangrijk vond. Mijn stem was en is voor mij het allerbelangrijkste en ik vond dat ik zelf het best kon beoordelen wat die stem nodig had. Ik bepaalde dus wie mij lesgaf, en niet iemand anders.

Na een jaar hard werken was het eindelijk vakantie. In het nieuwe jaar zou alles vast wel weer meevallen. Nieuwe ronde, nieuwe kansen!

Dit tweede jaar bij het operagezelschap zou ik twee hoofdrollen mogen gaan zingen, waaronder mijn langgekoesterde wens: Suor Angelica van Giacomo Puccini.

Een hoofdrol instuderen kost veel tijd. Meestal begin je bij een grote partij al een jaar van tevoren. Hoe zijn de melodieën? Hoe werkt het ritme? Wat is de dynamiek van de stukken? Bij een opera ben je bovendien altijd onderdeel van het grote geheel. Dat maakt het in het begin lastig om je eigen rol te begrijpen.

Het beste begin is: bestaande opnames van de desbetreffende opera beluisteren, liefst ook verschillende uitvoeringen met verschillende zangers, zodat je niet blijft hangen in een vast tempo of een bepaalde interpretatie. Als er geen opnames bestaan, kun je het best zo snel mogelijk naar een operacoach gaan die het stuk samen met jou kan doorspelen, tenzij je als zanger natuurlijk zelf goed piano kunt spelen. Wanneer je dan de muziek enigszins onder de knie hebt, moet je die elke dag herhalen. Je zingt jouw partij elke dag een keer. Je repeteert passages die lastig zijn en je probeert op die manier je rol ook fysiek in je stem te krijgen. De stembanden zijn immers spieren, en net zoals een hardloper voor een marathon moet trainen door elke dag te rennen, moeten zangers ook dagelijks studeren door stemoefeningen te doen.

Tegelijkertijd bekijk je de teksten die je zingt. Bij opera zijn de meest voorkomende talen Italiaans, Duits en Frans. Maar ik heb ook rollen gedaan in het Engels, Russisch en Tsjechisch. Die talen hoef je niet vloeiend te spreken, maar je moet in staat zijn ze vloeiend uit te spreken en het is essentieel dat je weet wat de teksten betekenen, ook die van je tegenspelers. Als je niet weet wat je zingt, kun je het gevoel erachter ook niet goed uitdrukken. Al doende probeer je de teksten en de muziek uit je hoofd te leren. Alles moet namelijk in je hoofd zitten voordat de regierepetities beginnen. Het is niet lekker werken als je van de regisseur allerlei handelingen moet doen met je partituur in je handen. Dat werkt niet goed en wekt irritatie op bij collega's, de dirigent en de regisseur.

Naast al dit ambachtelijke werk onderzoek ik een rol ook altijd eerst zelf. Wat voor type vrouw moet ik spelen? Is het stuk gebaseerd op een bestaand toneelstuk? Zijn er al eerder andere actrices geweest met bijzondere vertolkingen? Wordt de regie gebaseerd op een verfilming? Ik lees dan vaak een biografie van de componist, zoek naar briefwisselingen uit de tijd dat de componist zijn opera schreef en speur naar alle mogelijke achtergrondinformatie die me kan helpen me een beeld te vormen van de rol. Sommige rollen hebben wat meer onderzoek nodig, doordat de figuren me minder aanspreken. Met andere rollen heb ik meteen een klik en die wil ik dan ook dolgraag spelen, omdat ik weet dat die rol past bij wie ik ben en ik al snel weet hoe ik die vrouw wil portretteren. Zo'n klik met een rol komt niet heel vaak voor, maar ik wist absoluut zeker dat ik geknipt was voor de rol van Suor Angelica.

Ook met Angelica deed ik al het werk dat ik hierboven heb beschreven. Ik vond het heerlijk om elke dag met deze prachtige muziek van Puccini bezig te zijn. Alleen liep ik tijdens het instuderen van de muziek tegen een probleem aan: in de slotscène emotioneerde de muziek me te veel. Elke keer als ik aan de hoge noten toekwam, ging mijn keel dichtzitten, welden er tranen op en kon ik niet verder zingen. Om te begrijpen hoe dit zit moet ik eerst even uitleggen waar de opera over gaat en waarom de rol van Suor Angelica me zoveel deed.

Suor Angelica, een korte opera van een klein uur, is het middendeel van een drieluik van opera's met als overkoepelende titel *Il Trittico*. Puccini wilde naar aanleiding van Dantes *La Divina Commedia* een versie van zijn verhaal in operavorm schrijven. En net zoals bij Dante representeren de drie opera's de drie rijken van het hiernamaals. De eerste opera, *Il Tabarro*, moet de hel voorstellen. De tweede opera, *Suor Angelica*, gaat over het voorgeborchte. De derde, *Gianni Schicchi*, stelt de hemel voor. De eerste twee opera's zijn dramatisch van toon en de derde is de enige komische opera die Puccini in zijn hele carrière heeft geschreven.

In *Suor Angelica* zien we een rustig kloosterleven, waarbij nonnen hun dagelijkse werkzaamheden verrichten. Ze hebben net gebeden en gaan hun klusjes doen. Een van hen, Suor Angelica, is al zeven jaar in het klooster. Ze is een soort apotheker die veel van geneeskrachtige kruiden weet. De zusters noemen haar een rustige zuster met een groot verdriet; ze weten alleen niet wat daaraan ten grondslag ligt.

Halverwege de opera wordt er bezoek aangekondigd. Alle zusters veren hoopvol op; misschien is het bezoek voor hen. Ook Suor Angelica vertelt dat ze graag eens nieuws zou willen ontvangen van haar familie. Iedereen bidt dat het bezoek voor Angelica is. De gebeden worden verhoord en na zeven jaar staat ze weer oog in oog met haar tante, die van hoge adel blijkt te zijn. Angelica is blijkbaar ook een prinses, maar is door deze tante in het klooster gestopt nadat ze voor schande in de familie had gezorgd door een bastaardkindje te baren. Dit kind heeft ze moeten afstaan, waarna ze het klooster in moest.

De tante wil nu dat Angelica, ten gunste van een zusje dat gaat trouwen, afstand doet van alle aanspraak op de bezittingen en titels in haar familie. Angelica is daar onmiddellijk toe bereid, als ze maar nieuws mag krijgen over haar kindje, dat ze al zeven jaar niet heeft mogen zien en waar ze zo benieuwd naar is. De tante vertelt hierop koud en droog dat het kind twee jaar geleden is overleden aan een ziekte. Bij dat nieuws stort Angelica in en ondertekent huilend alle papieren. De tante gaat naar huis en Angelica blijft alleen en wanhopig achter. Op het toneel zingt ze dan een van de mooiste aria's die Puccini heeft geschreven: '*Senza mamma, bimbo, tu sei morto. Le tue labbra senza baci miei*'. Wat betekent: 'Ach! Zonder moeder ben je gestorven, en je lippen hebben geen kussen van mij gekregen.'

Na deze hartverscheurende aria komt Angelica op een idee. Haar kind is in de hemel, dus gaat zij daar ook naartoe. En omdat ze handig is met kruiden, maakt ze een giftig drankje dat haar naar de hemel zal brengen. Bij dat vooruitzicht wordt Angelica uiterst vrolijk. Eindelijk zal ze bij haar kind zijn! Terwijl ze afscheid neemt van het klooster drinkt ze het drankje op. Maar als ze stervende is, beseft ze ineens iets afschuwelijks: zelfmoord plegen is een doodzonde, die je dus niet naar de hemel brengt, maar naar de hel!

In de laatste scène smeekt ze de Heilige Maagd Maria te

begrijpen hoe wanhopig ze is. Op het moment dat Angelica bijna bezwijkt gaat echter de hemel open en ziet ze Maria aan haar verschijnen, die haar zoon bij de hand heeft. Samen halen ze Angelica op om mee te gaan naar de hemel.

Als een zangeres dit verhaal niet larmoyant maar oprecht weet te zingen, is het een van meest emotionele opera's die Puccini ooit heeft geschreven. Het is ook bekend dat hij het voorspeelde bij een tante van hem die ook in een klooster woonde. Alle zusters konden na afloop van zijn opera geen woord meer uitbrengen, zo prachtig vonden ze het.

Voor mij betekende dit verhaal veel. Doordat ik in mijn jeugd veel tijd had doorgebracht in het klooster, begreep ik hoe het dagelijks leven in een gemeenschap van zusters eruitzag. Het verdriet van een geheim dat Angelica bij zich droeg was voor mij ook niet vreemd. Ik had weliswaar zelf geen kinderen, maar had jarenlang mijn seksuele identiteit niet durven accepteren en die weggedrukt. Het gevoel dat je iets moet verbergen kende ik heel goed. Het verdriet om onrecht dat je wordt aangedaan kon ik invoelen doordat ik vroeger werd gepest. En het idee dat Maria je uiteindelijk kon komen helpen door aan je te verschijnen was voor mij bekend terrein, omdat ik al jaren mee was geweest naar Lourdes...

Los daarvan is Puccini voor mij de grootste operacomponist die er bestaat en spreekt zijn muziek direct tot mijn ziel. Ik wil zijn muziek altijd zingen, wil aan iedereen laten horen hoe geweldig zijn muziek is.

Toen de repetities voor deze droomrol begonnen, was ik uitermate goed voorbereid. Ik had het na zes maanden ongeveer voor elkaar dat ik bij de slotscène zelf niet meer hoefde te huilen, zo vaak had ik de muziek gerepeteerd. Dat is wel een nadeel van professioneel zanger zijn: dat je zo boven de materie moet gaan staan dat je niet meer de emoties mag hebben die het publiek wel gegund zijn. Maar ik weet dat het moet, omdat het de taak van zangers is om de muziek en ons publiek te dienen. Het publiek moet geraakt worden. Wij als uitvoerenden kunnen niet jankend op het toneel gaan staan. Maar bij eigen lievelingsstukken valt dat soms niet mee.

De eerste muzikale repetitie ging goed. Ik zong mijn partij vlot, voelde me geweldig en kreeg bewonderende blikken van de dirigent. Hij wist net zoals ik ook dat niet iedereen de rol van Suor Angelica zo makkelijk kan zingen. Er zitten een paar moeilijke hoge C's in en ook de dirigent waarschuwde dat je je niet te veel emotioneel door de muziek moest laten meeslepen. Maar mijn stem bleek heel erg geschikt te zijn voor de rol en had precies de klank die de dirigent ook graag wilde voor deze muziek.

De regisseur was een jonge Engelsman die boeddhist was. Hij wilde zeker het geloofselement van het klooster laten zien, maar dan wel met boeddhistische symbolen erbij. In verschijningen van heiligen geloofde hij niet en hij wilde die niet kitscherig verbeelden met toneellichten vanuit de nok. Hij had bedacht dat het kind van Angelica toch nog stiekem zou leven. Angelica's tante zou dan in onze versie hebben gelogen over de dood van het kind.

Bij dit idee moest ik even slikken, maar als zanger heb je geen invloed op de regie. De regisseur bepaalt wat voor kunstwerk hij met de opera wil creëren. De dirigent kan hoogstens wat aanpassingen vragen, omdat hij ervoor moet zorgen dat de compositie recht wordt gedaan. Deze hiërarchie is in de operawereld heel sterk.

Na een paar weken repeteren waren wij als kloosterzusters een hechte groep geworden en de scènes die we met elkaar speelden hadden zich ontwikkeld tot lieve tableaus waarin ieders rol tot zijn recht kwam. Ik was er alle repetities bij, want als Angelica stond ik van begin tot eind op het toneel. Ik leerde toen ook mijn energie beter te verdelen en paal en perk te stellen aan mijn natuurlijke neiging om alles 'uit te zingen', dat wil zeggen op volle kracht en op hoogte. In deze rol moest ik mezelf en mijn stem soms sparen. Mijn stem ging wel steeds makkelijker met de materie om en ik hoefde bijna niet meer na te denken over technische moeilijkheden.

Af en toe kwam onze directrice naar de repetities kijken. Omdat ik steeds goede feedback kreeg van de regisseur en de dirigent verkeerde ik in de veronderstelling dat zij op de hoogte was van mijn vorderingen. Ik was mijn functioneringsgesprek van voor de zomer nog niet zomaar vergeten.

Maar de directrice zei weinig tegen me. We gingen niet meer zo gemakkelijk met elkaar om als in het begin van onze werkrelatie en ze reageerde koeltjes op mijn vragen en opmerkingen. Ze praatte wel met de andere zangers en ging dan weer naar haar kantoor. Ik begreep niet goed waarom ze mij vrijwel negeerde. Ik liet het maar gaan.

Twee weken voor de première hadden we de laatste grote doorloop in kostuums voordat we naar het theater zouden gaan. Die vond plaats in onze repetitieruimte en iedereen van het gezelschap was uitgenodigd, dus ook de mensen van kantoor, de kostuum- en grimeafdeling en de technische dienst. Op die manier was er publiek en konden we laten zien waar we de afgelopen weken zo hard aan hadden gewerkt. De directrice was er natuurlijk ook en zat pontificaal in het midden. *Il Tabarro* was gespeeld en de beurt was nu aan de doorloop van *Suor Angelica*. Het orkest deed nog niet mee; we hadden alleen pianobegeleiding.

De muziek begon en ik kwam in mijn rol. De scènes met mijn medezusters liepen goed en Angelica's tante kwam binnen voor de scène waarin ze vertelt over haar zoon. Deze scène is pittig, omdat Angelica daarin voor het eerst niet rustig is, maar in woede ontsteekt en vervolgens in elkaar stort. Als zangeres moet je dan dramatisch kunnen zingen, wat soms neigt naar een schreeuw, zonder dat je je stem forceert. Dat ging allemaal goed.

Mijn grote droevige aria kwam en ik zat er helemaal in. Ik keek de zaal in en zag al dat er verscheidene zakdoekjes uit tasjes werden gehaald. Daar kwam de grote slotscène met mijn smeekbede en een prachtig engelenkoor op de achtergrond. Angelica's zoon van zeven jaar oud liep na mijn hoge slotnoten langzaam naar me te toe in zijn blauwfluwelen kostuumpje. Op het moment dat ik zijn wang streelde, viel ik zogenaamd dood neer op de grond. Bij de slotnoten knielde de kleine jongen naast me neer en toen was het afgelopen.

Het bleef lang stil, maar toen barstte er een oorverdovend applaus los. Er zou een korte koffiepauze volgen, maar iedereen bleef hangen en kwam met betraande ogen op me af. De mensen hadden nog nooit zo'n mooie doorloop meegemaakt. Wat een bijzonder stuk was dit, en wat had ik het geweldig gezongen en geacteerd. De loftuitingen waren niet van de lucht!

Hoopvol keek ik naar de directrice, die me een jaar geleden enthousiast had binnengehaald, me altijd zo apart had gevonden en me een groot talent had genoemd. Maar ik zag een ijskoud gezicht. Er kon geen glimlachje af. Zonder iets tegen me te zeggen beende ze weg naar haar kantoor. Ik snapte er helemaal niks van, en hoewel ik genoot van alle complimenten kon ik die koude blik maar niet vergeten.

Na de doorloop hadden we een paar dagen vrij gekregen voordat we de opera in vol ornaat in het theater zouden voorbereiden voor de première. Die vrije tijd kwam goed van pas, want ik mocht auditie doen voor een ander gerenommeerd operagezelschap in het oosten van het land.

Het zou gaan om een algemene auditie om tien over twee in de middag. Ik zou eigen repertoire zingen voor de directie van het gezelschap, zodat de leiding weet wat je eventueel voor rollen zou kunnen zingen in komende producties. Misschien kreeg ik de mogelijkheid over te stappen als na dit tweede jaar bij mijn huidige operagezelschap het contract niet verlengd zou worden. Ik had namelijk geen enkel signaal opgevangen dat dat zou gebeuren.

De auditie was op maandagmiddag. De doorloop van *Suor Angelica* was op zaterdagochtend geweest. Dus ik had anderhalve dag vrij en reed met gierende banden naar Rotterdam. Daar woonde Jacqueline en ik wilde de zondag gezellig met haar doorbrengen. Maandagochtend was er tijd genoeg om naar de auditie te rijden en ik kon op tijd terug zijn voor de eerste dag in het theater.

Het was inderdaad een gezellige zondag. Jacqueline en ik keken een film op de bank. Kaarsjes aan, en ik zou iets lekkers koken. Mijn telefoon ging en daar hing de directrice van het operagezelschap aan de lijn. Ik groette haar vrolijk, maar ze bleek heel kwaad te zijn, omdat ze erachter was gekomen dat ik de volgende dag een auditie had. Hoe haalde ik het in mijn hoofd om zomaar ergens anders te gaan auditeren? Waarom had ik daar geen toestemming voor gevraagd? Ik stond bij haar onder contract. Ze vond het niet loyaal dat ik me zo gedroeg na alles wat ze voor me had gedaan. En over de doorloop van de dag ervoor was ze helemaal niet te spreken. Wat dacht ik wel niet? Ik was echt niet zo goed als de mensen van het gezelschap misschien tegen me hadden gezegd. Zij hadden geen verstand van de kwaliteiten van opera-actrices. Nee, een goede vertolkster van dit genre opera's was ik nog lang niet. En zij kon het weten; zij had ook dit soort rollen gezongen en wist wél hoe het moest. Ze had er lang over nagedacht en vond dat ik op mijn vrije dag toch nog echt een extra repetitie nodig had. Ik moest me maandag om tien over twee melden bij de dirigent en de regisseur. Ze had hen al ingelicht. Dan kon ik de hele rol nog eens doornemen en zouden ze de vele fouten kunnen corrigeren. Zijzelf zou niet bij die repetitie aanwezig zijn, maar als ik het waagde naar die auditie te gaan, kon ik meteen ontslag krijgen. Dan was het wat haar betreft afgelopen.

Ik probeerde er nog iets tegen in te brengen, maar kwam er niet tussen. En toen het tot me doordrong dat ik precies op mijn auditietijd moest komen opdraven voor die repetitie wist ik dat ik klem zat, en dat ze me expres dwars wilde zitten. Ik stond inderdaad onder contract van dit gezelschap, en als de directrice het zo hoog op wilde spelen, wie was ik dan om daartegen in te gaan? Ik wilde de droomrol van Suor Angelica voor geen goud op het spel zetten.

Dus zei ik haar dat ik mijn auditie zou afbellen en bevestigde ik mijn komst voor de ingelaste repetitie. De stem van de directrice veranderde meteen van toon: ik had de goede keus gemaakt. Ze voelde nu toch mijn loyaliteit en wenste me nog een prettige avond met de groeten voor mijn vriendin.

Verbouwereerd zat ik op de bank. Jacqueline vroeg wat er precies was gebeurd.

Ik probeerde uit te leggen wat de directrice allemaal had gezegd, maar ik was ontzet, verbaasd en werd eindelijk ook kwaad. Wat had ik in godsnaam gedaan dat ik dit verdiende? Behalve dat ik mijn werk altijd goed probeerde te doen en daar blijkbaar ook zo nu en dan al succes mee kreeg. Wat me het meest raakte was het feit dat ze me dwong om precies op mijn auditietijd naar een repetitie te komen. Maar ik kwam er niet onderuit: ik moest mijn auditie afbellen.

Ik belde de directeur van het andere operagezelschap en legde summier uit wat er was gebeurd en waarom ik niet kon komen. Deze man zei meteen dat het wel goed kwam en dat we een andere datum zouden prikken. Hij voegde er lacherig aan toe dat ik wel érg goed moest zijn, omdat mijn directrice me blijkbaar niet kwijt wilde. Ik lachte een beetje schaapachtig mee en hing weer op.

Die nacht sliep ik slecht en de volgende dag ging ik keurig op tijd naar de ingelaste repetitie. In het repetitielokaal keken de regisseur, de dirigent en de repetitor me meewarig aan. Ze vroegen hoe het met me ging. Ook zij hadden een boos telefoontje van de directrice gehad, en ze hadden haar grieven aangehoord, maar ze begrepen niet goed waar deze repetitie voor nodig was, na zo'n geweldige doorloop. Maar goed, iedereen verdiende daar zijn boterham en om meer conflicten te voorkomen hadden ze toegestemd in een extra repetitie.

Voor de vorm heb ik die middag het hele stuk doorgezongen en met een leeg gevoel ging ik naar huis.

Toen ik mijn jas aantrok, kwam de dirigent naar me toe. Ik heb later nog veel opera's onder hem gezongen en ik heb nog altijd enorm veel achting voor deze lieve en enorm muzikale man. Hij kende de directrice al wat langer en vertelde dat ze ooit bij een opera van Puccini een geweldige rol had gekregen. Alleen was het haar toen door omstandigheden niet gelukt om de uitvoeringen te zingen. De rol bleek vocaal te moeilijk voor haar te zijn en ze werd uiteindelijk vervangen door een andere sopraan. Dat was een enorm trauma voor haar geweest. Misschien vond ze het nu lastig om te zien dat het mij zo makkelijk afging in een zelfde soort operarol. Ik moest dat maar in mijn achterhoofd houden en gewoon stug doorgaan. Hij zag, zei hij, in mij een grote toekomst tegemoet, met veel mooie rollen.

Iets meer gerustgesteld ging ik naar huis en dacht over het leven als operazangeres na. Wat nou als je stem het begeeft? Hoe zou ik reageren? En hoe zou ik het vinden als er andere zangers na mij kwamen die beter waren dan ik? Zou ik dat ook moeilijk vinden? Aan de andere kant... Zou ik iemand dan zo dwarszitten? Proberen de kansen van een ander te dwarsbomen, aan het begin van haar loopbaan? Ik heb op die avond besloten dat ik me altijd aardig en netjes zou gedragen naar andere collega's toe.

De première was een groot succes. En de goede recensies waren niet van de lucht. Ik verbaasde vriend en vijand in mijn rol van Suor Angelica. In één klap behoorde ik bij de top van de Nederlandse operawereld. Ik zong en acteerde zo overtuigend dat iedereen in de zaal de rillingen over de rug liepen.

Mijn vader, die ook in het theater zat, moest huilen. Toen het zaallicht aanging was de hele zaal in tranen, vertelde hij. Een rasechte Rotterdammer had zich met natte wangen omgedraaid naar het andere publiek en opgelucht gezegd: 'Ik ben gelukkig niet de enige!'

Iedereen was trots op me, behalve de directrice. Tijdens de hele tournee negeerde ze me, en als ik in haar buurt kwam, keek ze de andere kant op. Uiteindelijk was daar de laatste voorstelling en de tournee was afgelopen. Ik was heel blij dat ik deze prachtige rol een aantal keren had mogen zingen en was heel trots dat ik deze rol op mijn repertoire kon bijschrijven.

Normaliter wenste iedereen in het operagezelschap elkaar na de laatste voorstelling van een tournee een goede vakantie of fijne dagen toe. Het was één week voor de kerstdagen.

De directrice kwam aanlopen en keek me aan.

Snel zei ik: 'Ik wens je hele fijne feestdagen toe en ik zie je dan hopelijk in januari.' Er stond nog een hoofdrol in een Franse opera van Massenet op de planning. Zou ze nog kunnen ontdooien en zich hopelijk weer zo gaan gedragen als in het begin? Ze vond me ooit toch leuk en aardig en talentvol?

Het was even stil. Toen sprak ze de woorden waarmee ik dit lange verhaal begon: 'Je weet zelf wel dat je deze rol walgelijk hebt gezongen...'

Ik keek haar aan en herinnerde me wat de dirigent over haar had gezegd. En ik begreep ineens dat ik deze wrok bij haar moest laten. Deze woorden gingen niet over mij. Zij had inderdaad een onverwerkt trauma. Blijkbaar moest ze dit op mij afreageren. Doordat ik dit ineens inzag, ebden al mijn angsten, boosheid over onrecht en onbegrip dat iemand kon veranderen van een beschermer in een vijand, weg.

Ik slikte even, keek haar aan en zei: 'Ik vind het jammer dat je het zo hebt ervaren. Ik weet hoe ik in deze rol was en hoe ik die heb beleefd. Ik weet ook hoe die is ontvangen en ik ben er heel trots op. Het is heel vervelend en jammer dat je deze ervaring niet deelt. Maar dat maakt niet uit. Ik wens je hoe dan ook fijne kerstdagen toe met je familie, en tot in het nieuwe jaar.'

Na die woorden liep ik naar mijn eigen geliefde en familie, die blij en trots op me stonden te wachten. Ik was een jaar ouder en een jaar wijzer, en sterker dan ooit.

Doe het lekker zelf

In het zuiden van Friesland is een klein dorp. Daar wordt moedig weerstand geboden tegen de strenge conventies en ouderwetse ideeën die al lang in de operawereld bestaan. In dit dorpje worden jaarlijks voorstellingen gebracht die opera op een nieuwe en soms controversiële manier willen laten zien. Eeuwenoude verhalen en muziek worden hier in de weilanden tussen de schapen en de koeien nieuw leven ingeblazen. Soms lukt het niet en slaat het gezelschap de plank mis. Maar vaak vinden er in de theatertent de meest magische momenten plaats.

Veertien jaar geleden belandde ik bij Opera Spanga en ik kan het nergens mee vergelijken. Het is een operagezelschap dat producties maakt als ieder ander gezelschap. Maar voor de rest is alles anders.

Ten eerste het theater. Dat bestaat uit een enorme witte tent die wordt opgezet in een weiland. Op de tribune is plaats voor vijfhonderd man publiek. Aan de andere kant is het toneel en vóór het toneel wordt in het weiland een gat uitgegraven voor de orkestbak, waar een kamerorkest in past. Ik geloof dat er maximaal achtentwintig instrumentalisten in gaan. In de orkestbak worden waterpompen aangebracht die gedurende de zomer overtollig regenwater wegpompen.

Omdat Spanga in *the middle of nowhere* ligt, zijn alle medewerkers en vrijwilligers gedurende de hele productie op het operafestivalterrein aanwezig. Ze slapen in caravans en eten en drinken in een schuur bij de boer op wiens land ze mogen staan. De zangers hebben iets meer luxe: zij worden ondergebracht in bed and breakfasts in naburige dorpen. Zo worden ze hopelijk niet verkouden of ziek.

De oprichtster en regisseuse van Spanga houdt van hard werken en is ontzettend precies in haar visie. Bij haar zijn de repetitieperiodes dan ook iets langer dan normaal. Ze trekt daar in plaats van de gebruikelijke zes weken acht weken voor uit. Aansluitend vinden dan de acht tot tien voorstellingen plaats. Dit alles speelt zich af in de zomermaanden.

Bij dit operagezelschap heb ik veel mooie rollen mogen zingen, bijvoorbeeld die van Elektra in de gelijknamige opera van Richard Strauss, over de vrouw die na de moord op haar vader door haar moeder, haar moeder vreselijk haat en haar met een bijl wil doden.

Op een avond stond ik met die bijl in mijn handen op het toneel te zingen toen er ineens onweer uitbrak. Tijdens teksten over moord en wraak zag het publiek buiten de bliksem flitsen – iets eenmaligs en magisch op die plek.

Een andere keer regende het hard en rolde de donder tijdens de repetitie over de weilanden. Mijn vriendin Maaike kwam bij me in de caravan en zong voor me om me te kalmeren. Zij wist hoe bang ik ben voor onweer. Maaike was ooit de eerste Maria von Trapp geweest in de Nederlandse eerste uitvoering van *The Sound of Music* en zong in de caravan heel lief 'My Favorite Things' voor me.

Ook speelde ik bij dit gezelschap in twee heuse bioscoopfilms en mocht ik mijn eigen bewerking van de opera *Tosca* maken, speciaal voor kinderen. In deze *Tosca* zong ik in mijn eentje alle hoofdrollen. Het was een uitputtingsslag, maar ik genoot ervan om de opera zo op een ludieke manier te brengen – zeker toen ik vier uitvoeringen mocht verzorgen in museum Beelden aan Zee, waar mijn broer Dick conservator is.

Om uit te leggen hoe opera maken in Spanga in zijn werk gaat, moet ik terug naar de eerste opera waarin ik daar meezong. Die eerste productie was een bewerking van Mozarts *Don Giovanni*. De regisseuse wilde dit verhaal in een heel nieuw jasje steken. In 2008 waren genderidentiteit en diversiteit nog geen bijster veelbesproken thema's zoals nu. Maar zij vond het belangrijke zaken. Ook vroeg ze zich af waarom mannen en vrouwen altijd anders beoordeeld (en soms veroordeeld) worden, ook al vertonen ze precies hetzelfde gedrag. Vanuit dergelijke gedachten bewerkte ze het wereldberoemde verhaal van Don Juan, de vrouwenverslinder, tot 'Donna Giovanna'.

In de opera van Mozart zien we de laatste twee dagen van het leven van de casanova Don Giovanni, die met hulp van zijn knecht Leporello iedere vrouw in bed probeert te krijgen die hij maar tegenkomt. Op een gegeven moment heeft hij zijn zinnen gezet op het pasgetrouwde boerenmeisje Zerlina. Door allerlei verwikkelingen en de tussenkomst van oude bekenden zoals Donna Elvira lukt het Don Giovanni niet om haar te veroveren. Uiteindelijk wordt Don Giovanni uitgedaagd door het stenen standbeeld van Il Commendatore. Deze heeft Don Giovanni aan het begin van de opera per ongeluk vermoord, terwijl hij diens dochter aan het verleiden was. Il Commendatore roept Don Giovanni ter verantwoording voor al zijn slechte daden. Don Giovanni heeft geen spijt en wordt door Il Commendatore meegetrokken naar de hel.

Maar in de Spanga-versie was Don Giovanni dus een vrouw. Leporello, de knecht, was ook een vrouw: Leporella. Il Commendatore bleef de vader van Donna Anna, met haar verloofde Don Ottavio. De boer Masetto trouwt met zijn vriend Zerlino – een homohuwelijk. Don Elviro is in deze versie de bedrogen ex-vriend van Giovanna. En door sommige man-vrouwrollen om te draaien, blijkt in deze versie dat Giovanna het met iedereen doet, man en vrouw. Het was boeiend om te onderzoeken hoe er door het publiek gekeken werd naar de mores van deze hoofdfiguur.

Ik speelde in deze opera de rol van Leporella. Normaal is dat een baspartij en een rol die ik in reguliere operavoorstellingen nooit zou gaan zingen. Maar het leuke was dat ik er tijdens mijn studie van de muziek en het personage achter kwam dat ik me goed kon inleven in Leporella. De oorspronkelijke Leporello is namelijk de komische noot in de hele opera. Het personage is heel trouw aan zijn baas. En Leporello houdt heel erg van lekker eten.

De rol van Donna Giovanna werd gezongen door een van mijn beste vriendinnen Klara. Ik kende Klara van vroeger als geliefde van mijn zangleraar op het conservatorium. Pas na het conservatorium raakten we goed bevriend, toen ik kort na mijn studie samen met haar bij een gezelschap een mooie Russische opera zong van Prokofjev. We konden – en kunnen nog steeds – altijd vreselijk met elkaar lachen. Zingen en muziek zijn onze passie, maar we hoeven er niet te veel technisch over te praten, zoals sommige zangers kunnen doen. Wij zitten liever naar films van Mel Brooks te kijken en kletsen ons suf over van alles en nog wat.

Zij was ook degene die me introduceerde bij Opera Spanga. Ze was in het buitenland geweest voor haar zangstudie en had daar als mezzosopraan grote triomfen gevierd in de rol van Carmen. Terug in Nederland kwam ze in aanraking met Spanga en werd daar de muze van de regisseuse. Die twee konden het uitstekend met elkaar vinden en hielden enorm van de uitdaging om opera zo te zingen en te acteren dat het waarachtig werd. Als publiek moest je bij wijze van spreken kunnen vergeten dat er gezongen werd en dat het verhaal en het drama iets te zeggen hadden. Mijn vriendin wist dat ik ook graag op die manier wilde zingen, dus altijd in combinatie met goed acteren. Daarbij was en bleef Maria Callas mijn inspiratiebron.

We repeteerden acht weken lang voor deze geniale opera van Mozart. Ik moest eerst natuurlijk wennen aan alle wisselingen in de rollen, maar al snel bleek de regie het verhaal verrassend modern te maken. Ik leerde ook hoe het was om te werken met een regisseuse die al maanden van tevoren alle handelingen en beelden had uitgedacht. Haar hele partituur was minutieus opgedeeld in scènes en alle muziekmaten waren gevuld met handelingen, bewegingen en acties. Ook de instrumentale muziek. Ze hoorde in bepaalde arpeggio's bijvoorbeeld dat er een auto kwam aanrijden. En omdat de tent in een weiland langs een weg stond, kon die auto precies getimed vanuit de verte aankomen en zo de tent in rijden. Dat luisterde allemaal nauw en moest vaak gerepeteerd worden.

Van de zangers werd het uiterste gevraagd. Naast het lastige vocale gedeelte dat in je stem moest gaan zitten, moesten ook alle handelingen getimed worden, vaak tegen de muziek in. Vooraf wilde ik graag eerst praten over de psychologie van de karakters, maar daar was geen ruimte voor. Pas als we bezig waren, zou ik vanzelf gaan voelen hoe ik subteksten kon invullen en hoe die binnen het strakke kader van de regie te spelen waren. En inderdaad: toen ik me eraan overgaf bleek vaak dat de vooraf bepaalde handelingen me juist hielpen om het karakter vorm te geven. Hierdoor kwam ik soms echt los van mijn eigen persoonlijkheid en deed ik de dingen die Leporella zou doen, en niet Francis. Een wijze les in regie! Bij Spanga heb ik ook altijd het gevoel gehad dat ik écht andere personages kon neerzetten.

Het was wel duidelijk dat de regisseuse goed was, maar als we voor de dertigste keer een pergola op moesten klimmen terwijl ik net een hoge noot moest zingen, werd het me wel eens te veel. Begreep de regisseuse dan niet dat zingen an sich al heel moeilijk is, ook zonder dat je allerlei toeren moet uithalen? Wat ze van me vroeg leek soms godsonmogelijk. Dan moest ik bijvoorbeeld in één maat met bijvoorbeeld acht tellen op elke tel mijn hoofd draaien, een wenkbrauw optrekken en tegelijkertijd een telefoon onder iemands neus houden, die dan op een andere tel zijn hoofd wegdraaide.

Bij al die dingen die op elkaar afgestemd moesten worden ging het natuurlijk vaak mis. Dan hoorden we luid gezucht vanaf de tribune. 'Kom op, jongens, zo moeilijk is het niet wat ik van jullie vraag!' klonk het dan geïrriteerd. Nu ben ik over het algemeen een opgeruimd type en niet heel lastig. Maar tijdens repetities in Spanga raakte ik toch vaak gefrustreerd en dan komt mijn slechte kant naar boven. Ik kan dan ineens heel erg vloeken of ik reageer op alles geïrriteerd – tot grote hilariteit van mijn collega's.

Omdat de sfeer informeel was, voelden mijn vriendin en ik ons soms vrij genoeg om de regisseuse van repliek te dienen als ze weer zoiets naar ons riep. Dan riepen we terug: 'Doe het lekker zelf!' Het was heerlijk om deze zin op momenten van frustratie terug te kunnen roepen. Daarna buffelden we weer rustig door tot we het gewenste resultaat hadden bereikt.

Na al die jaren waarin Klara en ik hebben gezongen bij Spanga, en er ook nieuwe zangers kwamen terwijl oude zangers gingen, lijkt dat zinnetje een veel gebezigde uitdrukking te zijn geworden voor wie de productie even niet meer ziet zitten. Ook de regisseuse gebruikt de zin nu heel vaak. Het is zelfs een afkorting geworden: Een DHLZ'tje!

De Zuiderzeeballade

Een paar jaar geleden werd ik uitgenodigd om te komen zingen op de seniorenmiddag in Rijnsburg. Tijdens de zomer vinden daar diverse festiviteiten plaats rond het jaarlijkse bloemencorso. De grote roerganger en organisator is een bekende van onze familie. Daan heeft een kostuumverhuurbedrijf en is een entertainer pur sang. In de mooiste uitdossingen presenteert hij de verschillende evenementen in Rijnsburg; hij zingt en praat ook de boel aan elkaar. Zo nu en dan nodigt hij mijn broer Tim uit voor een persiflage op Snip en Snap. Maar deze keer was mijn broer niet in de gelegenheid om mee te doen, dus Daan vroeg of ik een paar nummers kon komen zingen voor de senioren. Omdat ik dit soort middagen altijd enig vind om te doen zei ik meteen ja.

Drie dagen voor de uitvoering overlegden we over wat ik zou zingen en welke sketches we konden doen. Ik zou opera combineren met evergreens als 'Het Dorp' van Wim Sonneveld en 'Telkens weer' van Willeke Alberti. Daarnaast zou Daan zorgen voor een dirndl en een habijt, die ik over elkaar kon aantrekken, zodat de *Sound of Music*-medley ook echt aangekleed was. Daan vroeg of ik mee kon zingen met het singalong-gedeelte vol Oud-Hollandse krakers als 'Tulpen uit Amsterdam', 'Ik hou van Holland' en... 'De Zuiderzeeballade'.

Ik ken heel veel van dit repertoire, maar dit laatste lied was aan mij voorbijgegaan en ik moest het nog instuderen.

'De Zuiderzeeballade' is een sentimenteel lied dat Willy van Hemert in 1959 schreef voor een tv-programma van de VARA. Het gaat over een grootvader die zijn kleinzoon vertelt over zijn belevenissen op het IJsselmeer, die vroeger Zuiderzee heette. De goeie ouwe tijd voordat de Afsluitdijk werd aangelegd.

Drie dagen later ging ik naar de seniorenmiddag. Ik had mijn muziekbanden bij me en in de zaal zat de sfeer er al goed in. Terwijl ik vrolijk 'Do, re, mi' stond te zingen, vloeide de oranjebitter rijkelijk en gingen de bitterballen rond. Toen het tijd werd voor 'De Zuiderzeeballade' voelde ik me toch nog iets te onzeker om het helemaal uit mijn hoofd te doen, maar van een blaadje zingen zou de magie van de middag verbreken. Dus vroeg ik aan het publiek wie het lied goed kende en zin had om met mij op het podium te staan. Meteen staken acht oudere heren hun hand op. Ze drongen zich naar het toneel voor hun moment van glorie, en daar stond ik, omringd door een groepje stoere, sterke, grijsbehaarde mannen in geruite overhemden die het prachtig vonden om samen met mij te zingen. In hun ogen was ik een jong ding, met een mooie galajurk aan, iemand die ze kenden van de tv.

We zongen het lied met verve en na afloop was de zaal door het dolle heen. Ik had mooi kunnen maskeren dat ik het lied niet zo goed kende en gaf de heren na afloop een groot applaus.

Eén meneer was blijkbaar zo onder de indruk dat hij vroeg of hij mij een zoen op mijn wang mocht geven.

'Natuurlijk mag dat!' riep ik enthousiast.

Wat er daarna gebeurde zal ik nooit meer vergeten. De

man kwam met een brede glimlach naar me toe en vlak voordat hij een smakkerd op mijn wang plantte, trok hij zijn kunstgebit uit zijn mond...

Tja, als zangeres maak je nu eenmaal veel los bij de mensen!

De tachtigjarige oorlog

Nee, ik ga hier geen verhandeling houden over onze vaderlandse geschiedenis. De term 'tachtigjarige oorlog' is een metafoor voor het gevecht tegen de overtollige kilo's die ik meesjouw. Je bent daar namelijk toch je hele leven – misschien zo'n zeventig tot tachtig jaar – mee bezig. Je bent ermee in gevecht.

Ik heb altijd al overgewicht gehad. Er is geloof ik maar één moment in mijn leven geweest dat ik precies het gewicht had dat paste bij mijn leeftijd; dat was op mijn achttiende. Maar daarna werd ik steeds een beetje zwaarder. Doordat ik last heb van omgekeerde dysmorfofobie had ik er eigenlijk zelf nooit zo'n erg in. Die term leerde ik tijdens mijn studie maatschappelijk werk. Het woord houdt verband met eetstoornissen. Vaak hebben mensen met anorexia er last van. Ze zijn broodmager en vel over been, maar als ze in de spiegel kijken, vinden ze zichzelf zo dik als een olifant. Ze hebben dus een verkeerd lichaamsbeeld. Dat zorgt er weer voor dat ze nog minder gaan eten.

Ik lijd aan een omgekeerde variant van dit verkeerde kijken. Als ik voor de spiegel sta, zie ik een gewoon lijf, dat helemaal niet te dik is. Dus ben ik altijd lekker blijven eten en gezellig snoepen en had ik lange tijd weinig idee van gezonde voeding. In de spiegel veranderde er voor mij niet zoveel in die jaren.

Maar toen Jacqueline en ik een nieuwe tv hadden gekocht, schrok ik toch behoorlijk. De nieuwe tv had een heel groot scherm. Ik hou namelijk erg van gadgets en elektronica, en zo konden we mijn eerste optreden in het programma *Maestro* goed bekijken en beluisteren. Ik was uitgenodigd om mij als zangeres te laten dirigeren door de bekende Nederlanders die op de bok stonden in de dirigeerwedstrijd.

De opnames van het programma had ik al enig gevonden. Met Holland Symfonia had ik in de Philharmonie in Haarlem mogen zingen. Op de bok stond niemand minder dan René Froger. Het programma *Maestro* werd op dat moment net populair. Veel mensen vanuit de klassieke wereld hadden er een beetje moeite mee en vonden dat het lastige vak van dirigent op die manier werd gedegradeerd. Klassieke muziek werd 'hapklaar' gemaakt voor het grote publiek en dat deed het vak geen recht. Ik snapte die kritiek aan de ene kant wel. Je kunt nooit in zo'n kort tijdsbestek uitleggen waarom een bepaald muziekstuk zo lastig is om te spelen, zingen of dirigeren. Het kost jaren van studie om muziek goed te kunnen uitvoeren. Aan de andere kant vond ik het programma wel een uitgelezen kans voor een nieuwe groep mensen om op een leuke, laagdrempelige manier kennis te nemen van prachtige muziek. Als mensen hoorden hoe mooi de muziek was, zouden er altijd wel een paar zijn die zich mogelijk in deze kunstvorm zouden gaan verdiepen. Alleen daarom al vind ik dat het programma er zeker mag zijn.

Voor de betreffende uitzending had ik mijn mooiste jurk meegenomen. Hij was paars en ik had hem van internet. Het was eigenlijk een soort bruidsjurk, met veel tule en zeer volumineus. Echt een prinsessenjurk. De afzender had hem vacuüm verpakt en toen de kleine doos arriveerde, dacht ik eerst dat er iets fout moest zijn gegaan met de bestelling. Zo klein was de doos, daar zou die jurk toch nooit in passen? Ik sneed de doos open met een mes en toen ik het plastic openscheurde, ontvouwde de jurk zich binnen enkele seconden tot de grote joekel die ik me had voorgesteld. Voor een operazangeres is zo'n theatrale jurk helemaal niet gek. Wij zingen heel groots en meeslepend, en dus kan je look niet achterblijven.

Deze jurk had ik aan op de dag van de opnames. Ik weet nog dat René Froger bijna struikelde over de stof toen ik samen met hem opliep. Gelukkig gebeurde er niets.

Thuis voor de buis was het in 2017 nog echt een evenement als ik op tv kwam. Iedereen was ingelicht en zat te kijken, en ikzelf dus ook. Het programma begon en het was prachtig gemonteerd. Ik zag mezelf aan komen lopen in mijn paarse jurk, groots en majestueus. Voor op het toneel was hij helemaal prima, maar tv-camera's zoomen ook in voor close-ups. Ineens zag ik mezelf van dichtbij op onze nieuwe breedbeeld-tv. Leuk hoor, maar ook even slikken, want ik had toch wel een erg dikke kop!

Op dat moment besloot ik met Jacqueline mee te gaan naar de sportschool. Misschien was het toch wel goed om wat meer te bewegen en iets te gaan doen aan mijn overtollige kilo's. Jacq had al veel plezier gehad op de sportschool dicht bij ons huis. Daar was een sportinstructrice die onder andere zumbalessen gaf, een soort aerobicslessen gebaseerd op Latijns-Amerikaanse dansen, zoals salsa, rumba en samba. Er wordt swingende, opzwepende muziek bij gedraaid en doordat je daarop danst heb je niet echt door dat je aan het sporten bent. Voor mij was zumba ideaal, want sporten met apparaten in de sportschool had ik nooit zien zitten. De zumbajuf – Monique – bleek niet alleen goed les te geven, ze was ook heel grappig. Voor het eerst in mijn leven verheugde ik me erop naar een sportles te gaan.

Na een paar maanden sporten ging ik weer eens op de weegschaal staan om te kijken of het had geholpen. Maar ik bleek helemaal niet te zijn afgevallen. Ik snapte er niks van. Ik sportte nu elke week en ik had een Nintendo Wii Fit aangeschaft om thuis ook te kunnen tennissen of bowlen. Ietwat neerslachtig ging ik naar mijn zumbajuf en vertelde wat er aan de hand was. Wat zou ik nu nog meer moeten doen om af te vallen?

Monique zei toen iets wat ik nooit meer ben vergeten: 'Francis, je moet blijven sporten en zumba'en. Maar ik ben vergeten je te vertellen wat de belangrijkste oefening is. Elke keer als iemand je iets aanbiedt, of het nou drank is of een gebakje of een kroket, hoef je alleen maar dit te doen: je kijkt die persoon aan en beweegt je hoofd van links naar rechts – steeds sneller.'

Ik snapte niet zo goed wat deze oefening nou zou bijdragen aan het afvallen, maar Monique zei dat ik het toch even moest proberen. Toen ik deed wat ze zei, zag ik Monique in de lach schieten. En toen pas had ik het ook door: ik schudde nee, en dat zou eindelijk zoden aan de dijk zetten.

Deze oefening heb ik vanaf die dag veel gedaan, en daarnaast heb ik ook een keurig dieet gevolgd. Na anderhalf jaar had ik er een vriendin bij en was ik achttien kilo lichter!

Trots

In 2018 werd ik voorgedragen als ambassadeur voor Pride Amsterdam. Deze organisatie zet zich in voor de LHBTI+-community in Amsterdam en organiseert in de zomer een festival met een paar grote evenementen die landelijk en zelfs internationaal grote naam hebben. De Canal Parade is er één van. Dus toen ik gevraagd werd om als rolmodel en ambassadeur te fungeren, vond ik dat een eer. Ze hebben elk jaar een aantal ambassadeurs, die dan ook een groep binnen de LHBTI+ vertegenwoordigen. Ik representeerde het lesbische contingent.

Ik vroeg aan de organisatie wat ik precies moest doen. Ik had nog nooit tijdens de Canal Parade op een boot meegevaren. De hele optocht en bijbehorende drukte vond ik maar een massaal gedoe en niks voor mij. Maar dat jaar kon ik er natuurlijk niet onderuit, hoewel ik voor de rest zelf mocht kiezen waar ik acte de présence zou geven. Ik stelde voor om op te treden als zangeres bij kleine evenementen, zeker ook voor roze ouderen.

We spraken af dat ik die week zou zingen in het Sarphatihuis voor roze bejaarden, en zou optreden bij de Senior Pride. Ik mocht ook een keer zingen op de Dam voor twintigduizend LHBTI'ers. Daar zou ik 'Climb Every Mountain' ten gehore brengen. Het thema dat jaar was HEROES. Voor de gelegenheid moesten we ook gefotografeerd worden. Er werd een geweldig portret van me gemaakt in een extravagante paarse jurk met pruik en veel wapperende voiles. Deze foto's kwamen op grote posters door heel Amsterdam te hangen.

Kortom, het was een groots en meeslepend gebeuren. Maar wat het echt betekent om ambassadeur te zijn van de Pride begreep ik op de dag voordat ik officieel als ambassadeur geïntroduceerd werd.

De vrijdag voordat de hele Pride-week in Amsterdam van start zou gaan was ik in Den Bosch om te zingen op een uitvaart in de Sint-Jan Kathedraal aan de Parade. Zulke opdrachten doe ik vaak. 'Rouw en trouw zingen' noemen wij zangers dat. Voor mij zijn het fijne klussen, waarmee ik soms aardig kan bijverdienen. Voor de mensen is het op zo'n bijzondere gelegenheid als een bruiloft of een droeve dag als een uitvaart altijd heel bijzonder als er live wordt gezongen. Ik zou begeleid worden door een organist uit de buurt, een gezellige Brabander. Hij had veel tatoeages op zijn armen en er hing een groot kruis om zijn nek. Van tevoren zouden we de stukken doornemen en kort repeteren. Maar eerst dronken we een kopje koffie in de sacristie en maakten een praatje.

Ik merkte aan alles dat de man nogal gecharmeerd van me was. Dat gevoel werd bevestigd toen hij voorstelde om na afloop samen in de stad iets te gaan drinken. Hij wilde me ook wel trakteren op een Bossche bol.

Ik lachte vriendelijk, maar zei dat ik na de uitvaart meteen weg moest, want ik had een drukke week voor de boeg en wilde een rustige avond hebben.

De organist vroeg nieuwsgierig wat voor drukke week ik dan zou krijgen.

Ik vertelde enthousiast dat ik de volgende dag naar de Gay Pride zou gaan en daar zou zingen.

De man keek me met een vies gezicht aan. 'Wat moet jij bij die gore homo's?'

Ik antwoordde ad rem: 'Ik ga naar die gore homo's omdat ik er zelf één ben.'

Hij schrok van mijn antwoord. Maar ik was niet beledigd. Ik vroeg me alleen af waarom hij zo heftig reageerde en stelde hem die vraag ook. Had hij vervelende ervaringen? Was hij misschien ooit aangerand door een priester?

Hij vertelde dat hij diepgelovig was en dat in de Bijbel stond dat homoseksualiteit niet mocht.

Dat argument hoor je wel vaker van streng gelovigen. Ik zeg dan altijd dat er heel veel in de Bijbel staat over geboden en verboden, maar dat ik me altijd hou aan het voor mij belangrijkste gebod: 'Heb je naaste lief als jezelf.' Heeft Jezus immers niet gezegd dat liefde het belangrijkst is?

Er ontspon zich een heel bijzonder gesprek. De organist vertelde dat er iets in zijn familie was gebeurd. Zijn zwager was uit de kast gekomen en zijn zus had daar veel verdriet van gehad. Dat was heel moeilijk geweest in de familie.

Ik zei dat ik dat begreep. Ik vroeg hem of hij zich misschien kon voorstellen dat het ook moeilijk kon zijn geweest voor zijn zwager om ervoor uit te komen. Dat zijn zwager zijn vrouw dat verdriet helemaal niet had willen aandoen, maar dat hij geen keus had. Ik vroeg hem ook of hij nu anders naar mij keek, nu hij wist dat ik lesbisch was. Vond hij me nu minder aardig?

'Nee, ik vind je nog steeds heel aardig,' zei hij heel aandoenlijk.

Door zo naar elkaar te luisteren en met elkaar te praten kwamen we nader tot elkaar. We moesten wel opschieten, want de uitvaart zou over een halfuur beginnen.

Uiteindelijk hebben we samen heel mooi het 'Panis Angelicus' en 'Ave Maria' voor de overledene ten gehore gebracht, en na de mis kwam de organist nog even naar me toe. Hij vond dat ik prachtig had gezongen en was erg blij met ons gesprek. Ik antwoordde dat ik de volgende keer graag die Bossche bol met hem zou willen eten en wenste hem een fijne dag toe, met ook de groeten voor zijn zus.

Toen liep ik de prachtige Sint-Jan uit over een zonnige Parade. Ik voelde me een echte ambassadeur van de Pride!

Francis tijdens Pride 2018

Both sides

De magie van theater of een klassiek concert... Een heleboel mensen dic als publiek in het theater komen, kennen die. En voor iedereen is het een eigen beleving en ervaring. Sommigen gaan naar hun idolen luisteren, grote sterren die ze kennen van een lp of cd, of tegenwoordig van YouTube en Spotify. Deze artiesten willen ze dan toch een keer in het echt zien. Anderen houden van toneelstukken, musical, opera of houden van bepaalde (muziek)stukken, zoals de Vijfde van Mahler, *Romeo en Julia* of *Les Misérables*. Maar iedereen is gebrand op een goede uitvoering, die klopt met de ervaringen van eerder bezochte vergelijkbare uitvoeringen of herinneringen aan de plaat of cd.

Zodra het publiek binnen is, gelden er allerlei conventies en rituelen. Voor aanvang hang je je jas bij de garderobe. Misschien drink je nog een kopje koffie. Als dan de gong klinkt, gaat iedereen vol verwachting naar zijn plaats in de zaal. De rijen stromen langzaam vol. Grijze krulletjes, mooie sjaals, verschillende parfums door elkaar, bekenden die gedag zwaaien en verbaasd zijn elkaar op dat moment te treffen. Het toneel is leeg of er hangt een gordijn. Daar gaat het straks gebeuren. Het zaallicht dooft, de voorstelling begint en hopelijk kom je als toeschouwer even in een heel andere wereld; een wereld waarin je mag lachen en huilen, ontroerd raken en kippenvel krijgen. Maar ook een wereld waar je soms niet verstaat wat er wordt gezegd, geïrriteerd raakt, of zelfs boos omdat wat je ziet niet is wat je wilde zien.

Als de mensen speciaal voor mij komen, hebben ze vaak eenzelfde romantisch beeld als ik zelf vroeger had voordat ik oude filmopnames van Callas ging bekijken. Ik zag haar dan omlaag schrijden van de hoge trap in het Concertgebouw, in een prachtige jurk gemaakt door een couturier. Callas werd overladen met applaus en bloemen en nadat ze prachtig had gezongen kreeg ze uiteindelijk de staande ovatie en loftuitingen die normale mensen nooit ten deel vallen. Zo wilde ik ook worden. Zo'n echte diva!

Toen ik later zelf ook van die trap in het Concertgebouw naar beneden mocht schrijden herinnerde ik me weer hoe ik me had gevoeld als jong verwachtingsvol meisje. Maar tegelijkertijd was ik zodra ik professioneel ging zingen ook door een magische spiegel heen gestapt. De romantiek bleef, maar op een andere manier. Want alles wat magisch lijkt heeft natuurlijk ook een andere, reële kant.

Wanneer ik in het Concertgebouw van die prachtige lange trap naar beneden loop, kan niemand in het publiek weten dat ik dan vooral bang ben over de laatste tree te struikelen en vol onderuit te gaan. De laatste tree van die beroemde trap ligt namelijk los op de vloer. Wist u dat? Eén verkeerde beweging en je komt in een soort slapstickfilm terecht. Gelukkig gebeurt het niet, maar je kunt het nooit helemaal zeker weten.

Dan zing ik mijn concert en doe ik mijn best en krijg ik inderdaad een groot applaus! Wat een heerlijk moment! De onvermijdelijke bos bloemen wordt gebracht en even voel ik me een soort Maria Callas.

Het concert is voorbij. Nu gaat het publiek weer naar huis of drinkt nog een borrel. Ik strompel met mijn bloemen via een onmogelijk trapje waar je met een grote jurk amper langs komt naar mijn kleedkamer in de kelder, wurm me uit mijn bezwete jurk en leg die te luchten op een stoel. Ik ruim alles netjes op en hopelijk vergeet ik niets belangrijks, want na een voorstelling of een concert ben ik nooit helemaal toerekeningsvatbaar. Eindelijk mag ik die vervelende pumps uit die op het podium al een halfuur knelden en ik trek mijn joggingbroek en T-shirt weer aan. Dan moet ik mijn koffers pakken, plus die bos bloemen, plus nog extra cadeautjes als bedankje die niet meer in mijn handtas pasten. Al zwaaiend en mensen bedankend loop ik vervolgens de artiestenuitgang uit.

Toen ik nog geen rijbewijs had en thuis bij mijn ouders woonde, nam ik altijd lijn 5 naar het Centraal Station. Steevast had ik net de tram gemist en terwijl ik met al mijn spullen bij de halte stond, begon het ook vaak te regenen. Als de tram kwam, wurmde ik me tussen de andere reizigers en kwam aan op het station, waar ik soms moest rennen voor de trein.

Na aankomst in Leiden was daar bus 43. Uiteindelijk kwam ik na een twee uur durende reis verregend thuis en stak de sleutel in het slot. Ik deed de deur open, en jawel hoor: onze kat Stien had op de gangmat gekotst. Zucht... Waar is dan mijn juichende publiek? Waar is dan dat overweldigende applaus? Die mensen stonden natuurlijk nog te borrelen, terugdenkend aan die jonge zangeres in haar mooie jurk die triomfen viert op het concertpodium. Zij hebben geen idee van de werkelijkheid voor deze zangeres, die op haar knieën de kattenkots moet opruimen, om vervolgens haar koffers en jurk uit te pakken. En dan uiteindelijk doodmoe om halfdrie 's nachts haar hoofd te rusten legt.

Die twee kanten zijn voor mij de magie van mijn beroep geworden. Die twee kanten die naast elkaar bestaan. Het poëtische en het prozaïsche. Romantischer kan het eigenlijk niet worden.

Wat doe je voor werk naast het zingen?

Talloze malen is me door allerlei mensen gevraagd wat voor ander werk ik doe naast het zingen. Veel collega's van me zullen die vraag herkennen. Net zoals de vraag of er wel droog brood te verdienen is in de kunst. Zulke vragen worden echter nooit gesteld aan mensen die werken als arts, advocaat of bakker, want dat zijn stabiele beroepen. Ouders vinden het meestal erg fijn als hun kinderen een studie willen volgen die bestaanszekerheid in hun verdere leven zal geven.

Mijn opa Van Broekhuizen dacht ook zo en stuurde mijn vader de kant op van de makelaardij. Daar kon je goed geld in verdienen; mensen hebben altijd huizen nodig. Mijn vader ging keurig op voor zijn diploma, ook al vond hij zingen ook heerlijk om te doen. Maar in die tijd kwam het niet in hem op om daar zijn beroep van te maken. Toen hij al lang werkte en een gezin had, heeft mijn vader een keer auditie gedaan voor een grote zangproductie. Die werd opgebouwd rond Caroline Kaart, en er was behoefte aan zangers met goede, grote stemmen. Mijn vader ging voor de gein voorzingen en werd tot zijn grote verbazing meteen aangenomen. Ze zouden maar wat graag willen dat hij meeging op tournee.

Toen mijn vader vroeg wat dat zou inhouden, bleek dat hij een paar maanden lang zeker vijf tot zes concerten in de week zou moeten geven. Al in de middag zou het gezelschap op weg gaan naar de verschillende theaters. Mijn vader vertelde dat hij een gezin had met kleine kinderen en een baan bij een makelaardij. Dat bleek moeilijk te combineren en hij werd voor de keus gesteld. Uiteindelijk liet hij zijn gezin en zijn eigen werk voorgaan, maar hij was er wel trots op dat hij goed genoeg was geweest om naast Caroline Kaart op het podium te kunnen staan.

Waarschijnlijk vanwege deze ervaring gaf mijn vader, samen met mijn moeder, ons kinderen altijd mee dat we later iets moesten gaan doen waar onze passie lag. Dick ging na zijn vwo kunstgeschiedenis studeren en mijn jongere broer Tim vertrok na de middelbare school met een portfolio vol tekeningen naar de kunstacademie. Mijn vader en moeder waren van mening dat zekerheid toch niet bestaat en dat je vooral je hart moet volgen en datgene moet doen waar je het meest gelukkig van wordt.

Zoals ik al eerder beschreef kwam ik met een omweg uiteindelijk op het conservatorium en na mijn afstuderen moest ik werk zoeken. Eigenlijk deed ik van alles. Zoals ik eerder al heb verteld was en ben ik vast ensemblelid bij verschillende operagezelschappen. Maar ik zing ook veel concerten en hou me altijd aanbevolen om te zingen op feesten en partijen, en op begrafenissen.

Later kwamen er zakelijke evenementen bij; dan moet ik bijvoorbeeld tijdens een zakelijke meeting of beurs een aria zingen bij wijze van muzikaal intermezzo. Het verdient behoorlijk goed, en werknemers vinden het meestal prachtig dat naast alle saaie speeches van mannen in pak en urenlange netwerkborrels er ineens een operadiva in een grote jurk haar opwachting maakt om de dag wat nieuw leven in te blazen met muziek.

Geregeld kreeg ik bij zulke gelegenheden de vraag: 'Wat doet u voor werk naast dit zingen?' Meestal lachte ik dan lief en probeerde kort uit te leggen dat dít mijn werk was. Tegelijkertijd gaf die vraag me ook altijd een kleine steek in mijn hart. Mensen zien mijn vak te vaak als een uit de hand gelopen linkse hobby. Zeker sinds er in Nederland door de VVD sterk bezuinigd is op kunst en cultuur, en we later tijdens de coronapandemie werden aangemerkt als 'niet-essentieel', is die gedachte wijdverbreid. Ik verzet me er met hand en tand tegen.

En nu heb ik de kans om in mijn eigen boek uit te leggen dat wat ik doe géén uit de hand gelopen hobby is. Zingen is een echt vak en een ambacht waarvoor je een talent moet hebben dat maar weinig mensen is gegeven. Door alles wat er bij een uitvoering komt kijken, is zingen en concerten geven een volledige dagtaak.

Ten eerste komt een voorstelling niet zomaar tot stand. Ik had altijd al een combinatie willen maken van een gewoon klassiek liedrecital met cabaretachtige verhalen. Het programma *Dolle diva*, dat ik rond 2012 vaak uitvoerde met Gregor of Femke aan de piano, liet dat al zien. Gregor is naast Femke mijn andere vaste pianist. Gregor is geweldig in het improviseren op de piano tijdens mijn verhalen over de liederen die ik zing. Het publiek reageerde enthousiast op *Dolle diva* en hierdoor begon ik te denken dat ik misschien wel een echte theatervoorstelling kon gaan maken. Dus niet de reguliere klassieke concerten in huiskamers en concertzaaltjes, maar een voorstelling in de kleine en grote zalen van de landelijke theaters. Mijn grote voorbeelden waren Brigitte Kaandorp en Karin Bloemen – geweldige vrouwen die heel mooi zingen en tussen hun liedjes door conferences houden. Kortom, klassiek cabaret. Helaas kan ik zelf geen muziek componeren, maar bestaand repertoire combineren met humoristische verhalen was voor mij de aanpak. In januari en februari 2019 bedacht ik welke muziekstukken ik zou willen zingen om de verhaallijn van de voorstelling te ondersteunen. De titel had ik al: *Bij Twijfel hard zingen!*

Het concept van een verhaal doorspekt met bijpassende bestaande operamuziek had ik al een keer eerder beproefd in een eigengemaakte kindervoorstelling. Die had ik samen met Femke en mijn broer Tim gemaakt voor het Internationaal Vocalisten Concours in Den Bosch. De directrice had me die opdracht gegeven, maar ik twijfelde aan mijn schrijversvaardigheden. Mijn broer Dick, die zelf heel goed kan schrijven, stelde voor dat ik een nieuw sprookje moest verzinnen. In sprookjes kan van alles gebeuren en niks is te gek. Het hoeft ook niet heel logisch te zijn. Als ik gewoon achter een laptop zou gaan zitten en zou beginnen met de zin 'Er was eens...' zouden er volgens hem vanzelf wel ideeën komen. Hieruit ontstond inderdaad het operasprookje *Het lied van Giacomo*, over een jongen die was opgegroeid zonder muziek en zang, en uiteindelijk op zoek gaat naar zijn eigen lied. Tim tekende de decors, die we met een beamer projecteerden, en zong de rol van Giacomo. Femke speelde de pianospelende koningin en ik speelde alle andere rollen, inclusief die van de gemene kapster van Sevilla. Het was een enig stuk, waarmee we jonge kinderen lieten kennismaken met muziek van Puccini, Wagner, Vaughan Williams en Bellini. Dat ik zelf een sprookje kon schrijven met een begin, een midden en een eind was een geweldige ervaring.

Mijn nieuwe theatervoorstelling *Bij twijfel hard zingen* zou een persoonlijk familieverhaal moeten worden. En ik stelde mezelf de beginvraag: hoe ben ik de zangeres geworden die ik nu ben? Aan de hand daarvan schreef ik een verhaal over mijn familie waarin ik verhalen vertel en muziek zing waaruit blijkt waar mijn zangstem en theatraliteit vandaan komen. Als decor wilde ik mijn eigen cartooneske tekeningen gebruiken, die ik dan zou kunnen projecteren op een groot scherm. Op mijn iPad maakte ik alles zelf.

Ik vroeg aan Margriet Vroomans van Radio 4 of zij als voice-over tijdens de voorstelling vragen kon inspreken. Het moest zijn alsof het publiek live de radiorubriek 'Vraag het aan Francis' op Radio 4 bijwoonde. Als decor tekende ik een gezellige huiskamer waarin ik in verschillende lijsten steeds foto's kon projecteren van leden van mijn familie over wie ik op dat moment vertelde.

In september 2019 speelden Gregor en ik de eerste try-out in *Gunst wat een kunst*. We stonden in dezelfde huiskamer waar ik nog voor mijn carrière op het spoor was gezet door de vriendin van mijn oude pianist Paul om te gaan studeren op het conservatorium. De voorstelling viel in goede aarde en wat volgde was een tournee langs 35 theaters door het land.

Zo'n tournee wordt gepland in een paar maanden en zo heb je snel drie tot vier voorstellingen in een week te spelen. Dan lijkt het voor de meeste mensen alsof ik drie of vier keer in de week twee uurtjes per dag moet zingen. Maar zo is het natuurlijk niet. Er komt veel meer bij kijken. Bijvoorbeeld reizen – de ene dag is de voorstelling in Stadskanaal en de volgende dag in Den Haag. Tussen de voorstellingsdagen door bel ik met de techniek om alles door te spreken. Ik moet mijn muziek blijven studeren en mijn teksten herhalen. Ondertussen heb ik ook andere zangopdrachten die voorbereiding vergen. Elke maandag verzorg ik mijn radiorubrieken; daar doe ik redactiewerk voor. Ik moet administratie bijhouden. Op de dag van de voorstelling zelf pak ik mijn spullen: mijn jurken, schoenen, make-up in de ene koffer; in de andere mijn laptop en alle bijbehorende techniek voor de projectie. Ik doe boodschappen en neem meteen eten mee voor in het theater, want niet in alle theaters is catering of eten beschikbaar. Ga ik naar Stadskanaal, dan moet ik rekening houden met files en vertrek ik meestal al rond twee uur in de middag om op tijd in het theater te zijn voor een soundcheck. Gregor haalt me op, zodat we keurig carpoolen. Dat zijn gezellige ritten en in de auto voeren we veel gesprekken, maar ook worden er vaak ideeën geboren voor nieuwe voorstellingen. We proberen rond vijf uur in het theater te zijn, zodat we kunnen acclimatiseren, soundchecken en eten. Rond een uur of zeven begin ik dan met mijn ritueel van opmaken, omkleden, inzingen, muziek doorkijken en focussen op de voorstelling.

Om acht uur begint het. Gregor en ik wachten in de coulissen tot het zaallicht uitgaat. We horen het geroezemoes van het publiek. Gregor en ik verbazen ons er elke keer weer over hoe gek het eigenlijk is dat er maar zo'n dun gordijn tussen ons en het publiek zit. Dat gordijn scheidt onze werelden echter volkomen. Zodra het doek opgaat, gelden de ongeschreven regels van het theater: wij zijn er voor het vermaak, de ontroering en de emoties in het publiek. Het publiek is er om ons te stimuleren en ons tot grote artistieke hoogten te brengen. Samen maken we de voorstelling en er is niets magischer dan een zaal waarin iedereen lacht of een zaal die zit te sniffen bij een mooi stuk muziek.

Om tien uur klinkt het slotapplaus, en bezweet en vol adrenaline stappen we van het toneel af. Euforisch bedanken we de techniek en in een halfuur is alles weer opgeruimd, zijn wij omgekleed en rijden we blij, moe en voldaan terug naar huis. Rond een uur of een 's nachts zet ik mijn koffers weer op mijn kamer en ga naar bed. Om de volgende keer weer precies hetzelfde ritueel te doen voor bijvoorbeeld een optreden in Leeuwarden.

Dus nee, naast mijn leven als zangeres kan ik er echt geen ander werk bij hebben. Daar heb ik simpelweg de tijd niet voor. Ik heb namelijk al werk, met heel onregelmatige tijden. Wij artiesten geven de bezoekers van onze voorstellingen na hun eigen werkdag een paar uurtjes vermaak en entertainment, waardoor ze weer energie en een blij gevoel krijgen. Daarom is ons beroep wezenlijk en essentieel, en kan ik er echt niks meer naast doen!

Francis zingt voor u!

Ik sta op het punt om mijn tas te pakken en naar Enschede te rijden. Deze avond wordt spannend en leuk. We houden generale repetitie van *Bruid te koop* van Smetana, een vrolijke opera, die bij de Nederlandse Reisopera de afgelopen zes weken is opgetuigd en gerepeteerd. Ik verheug me op mijn scènes als vervelende nuffige schoonmoeder van de bruid. Ik heb een prachtig kostuum aangemeten gekregen en krijg een blonde pruik op mijn hoofd. Ik moet lijken op een *Dynasty*-achtige Joan Collins, maar dan met blonde lokken. Voor de gelegenheid heb ik een e-sigaret gekocht, zodat ik al rokend ten tonele kan verschijnen.

Het is 12 maart 2020. Al een paar weken is het onrustig in Nederland. Het is onrustig in Europa. Een onbekend virus is overgewaaid vanuit China. Het woord 'corona' is dan nog nieuw en we weten op dat moment allemaal nog niet hoezeer dit nieuwe virus ons leven zal gaan veranderen en beïnvloeden. Er waren wel al wat mensen van de cast verkouden geweest, met een raar soort blafhoest, maar zulke dingen gebeuren bij elke productie. Er is altijd wel iemand ziek of verkouden. Maar zangers houden afstand tot mensen die ook maar de geringste snuffel tentoonspreiden. Verkouden zijn betekent: geen stem hebben en dus niet werken!

Maar op donderdag 12 maart, twee dagen voor de première, gaat de telefoon. Het is de voorstellingsleider. 'Hoi Francis. Alles goed? Zit je al in de auto?'

Ik zei dat ik in de woonkamer stond met mijn jas aan en mijn tas in de hand. De voorstellingsleider zei dat alles was afgelast voor de komende weken in verband met de lockdown die was aangekondigd door de regering.

Na het gesprek zei ik tegen Jacqueline: 'Ik geloof dat ik de komende twee weken vrij ben.'

Even begreep ik niet wat ik moest voelen en denken. Nog nooit had ik een première of een belangrijke repetitie afgezegd. Voor mij geldt in alle gevallen: *the show must go on*. En nu werd van hogerhand plots besloten dat alle theaters gesloten moesten worden om de verspreiding van het nieuwe, onbekende virus tegen te gaan. Ik was het daar op zich natuurlijk mee eens. De zorg mocht niet overbelast raken en natuurlijk zouden wij als één volk schouder aan schouder staan om deze crisis het hoofd te bieden. Maar ik voelde me ook heel leeg. Optreden is mijn lust en mijn leven. Wat nu?

Op zaterdag 14 maart 2020 liep ik met mijn ziel onder de arm. Vandaag had eigenlijk de feestelijke première moeten zijn van onze opera. Ik keek letterlijk elk uur naar het nieuws of de besmettingscijfers al de goede kant uit zouden gaan. Als we twee weken in lockdown bleven, zou ik maar vier voorstellingen missen. Alleen, hoe zou ik mijn dagen invullen? Om me heen schakelden de mensen die een baan hadden over op een andere modus. Jacqueline werkt in het onderwijs en moest overstappen op online lesgeven; zij was thuis continu aan het werk. Ik was ook thuis, maar had ineens niks omhanden. Het was die eerste weken doodstil op straat en we bleven keurig steeds binnen. Boodschappen doen vond ik al een soort uitje. Ik sprak met Jacqueline over mijn gevoel van nutteloosheid. Het theater, dat als eerste was gesloten, werd gezien als een luxe waar we het wel even buiten konden stellen. Verstandelijk snapte ik het, maar gevoelsmatig was ik in één klap mijn bestaansrecht kwijt.

Dat klinkt misschien dramatisch en overdreven, maar het voelde echt zo. Tegelijkertijd zag ik de helden in de zorg die in de frontlinie bezig waren het virus te bestrijden. Ik wilde daar ook mijn steentje aan bijdragen, dus op zondag zette ik een knop bij mezelf om en kreeg ik zin om mijn gevoelens te uiten in een tekst op een mooie melodie. Ik schreef een nieuwe tekst op het prachtige lied 'Voor haar' van Frans Halsema:

Na vandaag is alles even anders
We kunnen niks meer en de straten zijn al leeg
't Is heel zwaar voor alle middenstanders
Om maar te zwijgen van de dokters en de pleeg

Niet meer uitgaan en ook niet meer dansen
Niet meer sporten en het liefst niet naar 't café
Maar het geeft ons wel weer nieuwe kansen
Heel veel rust en ook misschien een nieuw idee

Zo probeer ik er iets van te maken
We komen hier wel uit
Ik laat me echt niet pakken
Wanneer ik zing en fluit

Na vandaag is alles even rustig
Ogenschijnlijk, want we weten nog niet veel
Blijf paraat, maar ook niet al te angstig
We houden zo misschien de ziekte in 't gareel

Zo probeer ik er iets van te maken
We komen hier wel uit
Ik laat me echt niet pakken
Wanneer ik zing en fluit

Straks weer uitgaan en ook straks weer dansen
Straks weer sporten en het liefst weer naar 't café
In de toekomst liggen nieuwe kansen
En dan is dit echt wel weer passé

Ik filmde mezelf terwijl ik het liedje zong op mijn studeerkamer, zonder make-up. Het filmpje was gewoon met mijn telefoon opgenomen. Ik plaatste het op mijn Instagram en Facebook.

De volgende dag keek ik of mensen erop hadden gereageerd en tot mijn verbazing was deze post wel honderden keren gedeeld. Mensen waren heel lief in hun reacties en zeiden dat ze het mooi vonden en hoopten dat ik snel weer een liedje zou uploaden. Dit bracht me meteen op een nieuw idee! Zolang de lockdown duurde, zou ik elke dag een mooi lied of een opera-aria op mijn social media plaatsen bij wijze van muzikale injectie tegen de verveling. Iedereen zat nu tenslotte thuis te wachten op verbetering. En voor de mensen die wel hard moesten werken kon het een hart onder de riem zijn.

Voor mij was het dé kans om mijn stem in conditie te houden, want als zanger moet je blijven zingen. Wat dat betreft is het gewoon topsport: je moet je stembanden blijven trainen. Twee weken lang een lied zingen, dat was zo gepiept. De lockdown zou voorbijschieten. Zo begon ik aan mijn vlogs met de titel: *Francis zingt voor u!*

Uiteindelijk duurde de 'intelligente lockdown' tot 1 juni

2020, veel langer dan de oorspronkelijke twee weken. Ik maakte honderdtien vlogs, met de meest uiteenlopende stukken muziek – van Wagner, Puccini, Mozart en Schubert tot Porter, Streisand, Shaffy en Vera Lynn.

Mensen gingen op een gegeven ogenblik verzoekjes naar me mailen en vroegen of ik geen cd kon uitbrengen. In mei heb ik een crowdfunding opgezet en binnen twee dagen had ik het benodigde geld binnengehaald. Daarmee maakte ik mijn allereerste cd, met ook dezelfde titel: *Francis zingt voor u!*

Als het gezegde uit *The Sound of Music* 'Als God ergens een deur dichtdoet, doet hij ergens anders een raam open' ergens van toepassing is geweest, dan was het wel in deze periode van mijn leven.

Moeder-overste

In november 2020 zaten we alweer in een tweede lockdown vanwege de coronacrisis. Ik was net thuisgekomen na een intensieve week waarin ik had meegedaan aan het tv-programma *De verraders*, een soort kruising tussen *Wie is de mol?*, het spel 'Weerwolven van Wakkerdam' en *Expeditie Robinson*. Dat ik daaraan meedeed was heel bijzonder voor mij, omdat ik helemaal niet zo sportief ben en ook niet van konkelen en manipuleren hou. Het was een afvalrace en ik dacht dat ik na twee dagen weer thuis zou zijn, maar ik bleek van alles te kunnen, zoals van een toren af tokkelen en schieten; ik was slim in de puzzeltocht en slaagde erin boeken te vinden tussen laserstralen door. Aan het gekonkel deed ik niet volop mee, vaak zat ik achter de schermen te kletsen met de technische crew. Al met al bleef ik bijna de gehele periode in het spel. Wie er iets van wil zien kan terecht op Videoland; daar staat het hele eerste seizoen nog op.

Na die drukke week zat ik doodmoe op de bank toen de telefoon ging. Het was de casting director van Stage Entertainment. Ik had namelijk een paar maanden eerder via Facebook mijn versie van 'Climb Every Mountain' van mijn nieuwe cd opgestuurd naar Albert Verlinde. Verlinde had namelijk net bekendgemaakt dat in 2021 de musical *The Sound of Music* weer op de planken zou worden gebracht. Het zou waarschijnlijk de eerste grote productie worden als ook de theaters weer open mochten. Deze musical zou het symbool worden van nieuwe hoop op een betere toekomst zonder corona. Ik had mijn opname ingestuurd en een auditieformulier ingevuld met de opmerking: 'Mochten jullie een invaller nodig hebben bij ziekte, dan ben ik bereid om zo nu en dan te komen.'

De casting director klonk opgetogen aan de telefoon en had goed nieuws voor me. Ze hadden mijn opname beluisterd en me ook het hele afgelopen jaar zien praten op tv over moeder-overste en wat voor band ik met de rol en de film had. Ik was namelijk sinds de eerste lockdown veel gevraagd voor verschillende televisieoptredens. Bij al die gelegenheden had ik ook vaak verteld over mijn liefde voor de film *The Sound of Music* en het personage van moeder-overste in die film. Ze hoefden wat hen betreft niet verder te zoeken; ze hadden haar gevonden! Het was dat ik al op de bank zat, anders was ik alsnog gaan zitten. De rol van moeder-overste zingen en spelen in mijn lievelingsmusical – ik kon het niet geloven!

Maar wat betekende het in de praktijk? Ik was gewend om per operaproductie maar zo'n tien tot vijftien voorstellingen te spelen. In de musicalwereld werkt dat heel anders. Hier zou het gaan om een tournee van zeven maanden, met zeven tot acht voorstellingen per week! Dat had ik nog nooit gedaan.

Ik zei tegen de casting director dat ik erg vereerd was met het aanbod, maar eerst thuis moest overleggen.

Terwijl ik een tijdlang goed over alle praktische zaken nadacht en goede zakelijke afspraken maakte met Stage Entertainment, probeerde ik me voor te stellen hoe het zou zijn om in habijt op het podium te staan. Elke keer als ik bedacht dat ik de teksten zou uitspreken en liederen zou zingen die ik zo goed kende uit de film – met als pièce de résistance het zingen van 'Climb Every Mountain' – maakte mijn hart een sprongetje.

Als in mei 2021 de repetities gaan beginnen is de lockdown nog steeds gaande. Theaters zijn gesloten en we kunnen nog steeds niet naar het café. De onvrede in de maatschappij neemt toe, maar er zijn ook lichtpunten, zoals een vaccin tegen corona en het Eurovisie Songfestival.

Dinsdag rijd ik weer sinds maanden naar een repetitielokaal toe in Amsterdam.

Als eerste moet ik een coronatest doen. Dat zal voortaan altijd zo gaan. Het moet veilig zijn om met elkaar in één ruimte te repeteren.

Daar staan we dan als voltallige cast van *The Sound of Music*, na een gedwongen onderbreking van ruim een jaar waarin we niet konden doen wat ons het liefste is, en wat we goed kunnen: een rol in een voorstelling zingen. Het gevoel om nu weer aan het werk te kunnen is onbeschrijflijk.

We nemen het stuk met z'n allen door. De 'eerste lezing' wordt dat genoemd. We lezen onze teksten en zingen de muziek. In gedachten zie ik op de achtergrond steeds de door mij zo geliefde film met Julie Andrews.

Dan is het moment daar waar ik me op heb verheugd: daar klinkt de muziek van 'Climb Every Mountain', mijn lied. Ik zet in, en mijn tegenspeelster die Maria von Trapp speelt begint te huilen. De emoties die ik voel zijn heel heftig. Wat heb ik dit enorm gemist! Weer samen met een groep zijn na zo'n lange lockdown. Elkaar mogen aanraken, samen lachen, samen repeteren. Mijn ogen lopen vol met vocht en mijn keel wordt dik. Er zit echt nog maar één ding op: bij twijfel hard zingen...

Nee hè, niet weer!

Terwijl ik aan dit boek zit te schrijven gaat het weer mis. We zijn zo'n twintig maanden onderweg in de grootste gezondheidscrisis die onze wereld meemaakt. Ik kan het woord 'corona' bijna niet meer horen. Nu is er weer een nieuwe variant ontdekt waardoor er wederom globaal paniek uitbreekt.

Al twintig maanden probeer ik zo positief mogelijk met de coronacrisis om te gaan: een cd maken, een tv-programma met Gregor maken, zingen in bejaardenhuizen, tekenen op de iPad. Ondertussen hou ik steeds het nieuws in de gaten en hoop ik als zovelen op licht aan het einde van de tunnel. Dat licht was eerder ook gekomen en ik had net die week de honderdste voorstelling gespeeld in mijn droommusical. Maar helaas, de regering, die al hele lange tijd demissionair is, maar op corona missionair, moet opnieuw op de rem trappen om de hoge besmettingscijfers terug te dringen. En weer wordt er besloten tot een lockdownvariant. Wat dat betreft lijkt het wel een beetje een wedstrijd met het virus zelf. Het virus een nieuwe variant? Dan gooien wij er een nieuwe lockdownvariant tegenaan – ditmaal de avondlockdown. Verstandelijk begrijp ik dat er iets moet gebeuren om de zorg te ontlasten, maar gevoelsmatig kan ik er niet meer tegen. Want wéér betekent het dat theaters hun deuren moeten sluiten. Wéér kan ik niet doen wat ik het liefst doe en wat ik niet kan missen: zingen voor mensen.

Het voelt erg oneerlijk en deze keer snap ik het niet goed. Er zijn toch vaccins? Ik hou me aan alle regels. Ik heb al meer dan honderd teststaafjes in mijn neus gehad. Ik zoen mijn ouders al meer dan een jaar niet. Waarom gebeurt dit nu? Ik ben meer teleurgesteld dan anders, ook omdat ik nu mijn liefste musical weer twee maanden niet mag spelen.

Na een paar dagen dat ik gefrustreerd in de rondte loop, keert toch de rust weer. Praten met Jacqueline helpt altijd. We komen niet om van de honger, we hoeven niet te vluchten voor oorlog. Alles is relatief en het is zoals het is. Uiteindelijk zal alles toch wel weer goed komen?

Natuurlijk komt het goed. De regering had er alleen even vergeten bij te zeggen dat de coronacrisis in plaats van een paar maanden een paar jaar zou duren.

Oranje boven

Toen de redactie van de talkshow van Eva Jinek in het nieuwe seizoen van 2020 mij vroeg om aan te schuiven als koningshuisdeskundige vond ik dat helemaal geen gek idee. Ik ben namelijk al jaren idolaat van ons Oranjehuis en van vorsten in het algemeen. Dat is ons thuis met de paplepel ingegoten, vooral van de kant van mijn moeder en haar moeders familie, de familie Segeren.

De familie Segeren is de Brabantse tak en kwam uit Bergen op Zoom. Opa en oma Segeren waren rijk geweest. Opa had prachtige huizen gebouwd, onder andere de hele Baronielaan in Breda. Spijtig genoeg ging hij in zee met een notaris die door fraude vijf Nederlandse rijke families aan de financiële afgrond bracht. Deze man werd uiteindelijk opgepakt en veroordeeld, maar mijn overgrootouders zaten toch aan de grond. Maar ook zonder geld bleven ze zichzelf als mensen van goede komaf beschouwen.

Oma Segeren was een getalenteerd pianiste en had aan het conservatorium gestudeerd. Haar specialisatie was het spelen van de muziek van Chopin. Ze was dol op die muziek. Doordat zij en haar dochters het goede chique leven hadden gekend, was er ook altijd liefde geweest voor koningshuizen. Mijn oudtante Corrie stond erom bekend dat ze haar kinderen en kleinkinderen altijd opbelde vlak voordat het programma *Blauw bloed* op tv begon om hen daarop te attenderen. Mijn moeder was ook erg geïnteresseerd in de familieverhalen van alle Europese vorsten en had – en heeft – daarom haar hele volwassen leven een abonnement op het blad *Vorsten*. Stapels van die tijdschriften liggen er thuis, maar ook boeken over alle koningen en koninginnen van Europa.

Door mijn moeder ben ik ook aangestoken door het 'Oranjevirus'. Toen Beatrix werd ingehuldigd was ik vijf jaar oud. Beatrix was echt mijn koningin. Met die lieve prins Claus naast haar en de drie jongens. Toen ik begon met zingen hoopte ik dat ik ooit een keer voor leden van de koninklijke familie zou mogen zingen. En warempel, dat is enkele malen gebeurd. Ik heb er ook nog verschillende foto's van, die ik helaas niet allemaal op social media mag laten zien in verband met de mediacode van de RVD.

In dit boek wil ik graag een verhaal opnemen over een van die keren dat ik mocht zingen voor leden van het Koninklijk Huis. Het was een van de hoogtepunten in mijn carrière en alleen Femke, mijn pianiste, was er getuige van.

In 2012 werd ik benaderd door De Nederlandsche Bank, die een informeel diner gaf voor de commissarissen van de bank. Tegelijkertijd zouden een paar van hen afscheid nemen. Om het diner muzikaal op te luisteren was men op zoek naar een klassieke zangeres die ook humor bezat. De organisatie vroeg of ik wat mooie muziek kon zingen die met afscheid nemen te maken had, en of ik die nummers dan ook op een leuke manier aan elkaar kon praten.

Ik zei dat dat geen probleem was. Ik had wel vaker op feesten en partijen en zakelijke evenementen mini-recitals op maat gemaakt. Soms maakte ik ook nieuwe teksten op bestaande aria's.

Toch konden degenen die me boekten voor een optreden behoorlijk raar opkijken als ik op de desbetreffende middag of avond binnenkwam. Ze leken een echte operadiva te verwachten; een keurig aangeklede vrouw, geen doodgewoon type met haar haar in een paardenstaart, onopgemaakt, gekleed in een joggingbroek en met All Stars aan haar voeten. Zou zo'n type al die belangrijke gasten kunnen vermaken?

De tweede schrik kwam als ik omgekleed uit een invalidentoilet stapte of uit een speciaal voor mij ingericht kantoortje waar ik me tussen ordners en kopieerapparaten moest omkleden. Meestal maak ik me voor een optreden dramatisch op, met mijn haar mooi in de krul of met een Callasknot. Ik draag een prachtige galajurk in een felle kleur. Vaak herkenden de mensen die me eerst ietwat meewarig hadden binnengelaten me niet eens.

De derde schrik kwam nadat ik met mijn Rotterdamse tongval het eerste lied had ingeleid. Als ik vervolgens begon te zingen zag ik ogen groter worden en monden openvallen.

Dat was altijd een heerlijk moment. Die verbazing als mensen zien dat er uit een heel gewoon mens ineens een echt operageluid komt... En hard ook, want ik kan soms zonder microfoon wel 112 decibel halen. Als je daar vlakbij zit is dat best indrukwekkend. Soms vind ik het weleens jammer dat de verrassing is weggevallen doordat ik bekend ben geworden.

Met de mevrouw van De Nederlandsche Bank had ik al van alles afgesproken toen ze nog een laatste punt ter tafel bracht: er zouden ook koninklijke gasten aanwezig zijn, namelijk prins Willem-Alexander en prinses Máxima.

Mijn hart maakte een sprongetje. Er was in die tijd sprake van dat Alexander bijna de troon ging overnemen van zijn moeder. Hij was steeds meer in beeld, en ik zou mogen zingen voor de toekomstige koning en koningin!

Ik was zo enthousiast dat de organisatrice mijn vreugde meteen probeerde te temperen. Het prinselijk paar was daar niet op officiële gronden, want het zou een informele bijeenkomst worden. Ik mocht hun dus ook geen extra aandacht geven.

Oeps... Dat vond ik moeilijk. Want als deze mensen in de buurt zijn, roept dat zeker bij Oranjefans zoals ik veel emoties op. Ik weet dat het voor hen soms ook vervelend moet zijn om altijd als bijzonder te worden gezien en nooit een normaal mens te kunnen zijn.

Ik zei tegen de DNB-mevrouw dat ik mijn best zou doen en dat ik het überhaupt al heel geweldig vond om dit optreden te mogen verzorgen.

Twee weken later was het zover. Femke en ik reden naar het automuseum bij Wassenaar, waar het diner zou plaatsvinden. Ik had een mooi programma met bekende aria's samengesteld. Voor de scheidende commissarissen zou ik de aria 'Adieu, notre petite table' van Massenet zingen. Het verhaal van de opera *Manon* waar deze aria uit komt is eigenlijk heel vreemd. Door de manier waarop ik dat verhaal vertel werd er op bepaalde punten altijd gelachen, zo wist ik; een tragische aria kon daarna rekenen op extra ontroering. Een beproefd theaterconcept is dat: laat de mensen eerst lachen, want dan komt de tragiek van een verhaal des te harder binnen.

Daarna zou ik het 'Vilja-lied' zingen uit de operette *Die Lustige Witwe* van Franz Léhar. Dat is een prachtige melodie die je het publiek kunt laten meezingen. Interactie werkt namelijk altijd. Vaak ga ik als de hoofdpersoon van het lied langs de gasten, aai ik over iemands kruin of flirt met de jubilaris. Dit steevast tot grote hilariteit van familie en vrienden.

Femke en ik stonden klaar om aangekondigd te worden voor onze act tussen het hoofdgerecht en het dessert door. Ik had al stiekem gekeken of ik de prins en prinses kon zien. Máxima viel meteen op, want zij verlicht met haar charisma elke ruimte waar ze binnenkomt. Naast haar zag ik Willem-Alexander, die trots naar haar keek. Hij ziet haar charisma immers ook, merkt hoe mensen daarop reageren en kan dan voldaan glimlachen, zo van: ik ben lekker met haar getrouwd. Heel sympathiek vond ik dat op die avond.

Iedereen zat aan gezellige tafels en ik kwam op. Ik begon aan een kleine conference en merkte meteen dat het gezelschap niet wist wat het van me moest vinden. Nadat ik een grap had gemaakt keek ik naar Willem-Alexander, die gelukkig hard lachte. Pas na zijn bulderende lach viel de rest van het gezelschap in. Ik voelde me een soort middeleeuwse hofnar; die werd ook pas gewaardeerd als de koning hem goed vond. Ik was in elk geval voor die test geslaagd. Een pak van mijn hart!

Al lopend langs het publiek zong ik mijn programma en ik lette op iedereen, maar de prins en prinses ging ik steeds welbewust voorbij. Ik mocht hun geen extra aandacht geven, zo luidde mijn opdracht. Naast de prins zat toenmalig minister van Financiën Jan Cees de Jager. Soms als er een tussenspel is en ik niet hoef te zingen, maak ik grapjes of zeg ik iets tegen de mensen. Ik liep langs de prins en zei tegen de minister: 'Ach, ik ken ú van tv!' De prins proestte het uit, en ik wist meteen dat onze toekomstige koning gevoel voor humor had.

Femke zette Léhar in en ik begon te zingen over een Lorelei-achtige figuur die mannen verleidt en hen na de daad in een ravijn stort.

Al zingend liep ik langs de gasten. Ik knipoogde naar de één en haalde mijn hand door het haar van een ander. Toen ik tijdens het instrumentale tussenstukje voor het mooie refrein langs de prins liep kon ik het tóch niet laten. Ik bleef achter hem staan. Prinses Máxima glimlachte naar me en stak haar duim omhoog. Ik had haar toestemming en zong, wrijvend over de revers van de prins dicht bij zijn oor heel sensueel: '*Vilja, oh Vilja, du waldmägdelein, fass mich und lass mich dein trautliebster sein...*'

Het lied was afgelopen en Femke en ik kregen een staande ovatie. Ik liep terug naar de vleugel om mijn beginpositie weer in te nemen. Op weg daarnaartoe besefte ik wat ik had gedaan: ik had heel intiem om de nek gehangen van onze toekomstige koning! Wat nou als ik te ver was gegaan?

Toen het applaus bedaarde, draaide ik me met een kleur om en riep naar Willem-Alexander: 'U vond het toch niet erg dat ik om uw nek hing, lieve prins?'

De prins stond op, hief zijn glas witte wijn en zei: 'In het geheel niet!' En ik kreeg de mooiste glimlach ooit van hem.

Daarna kon ik drie weken niet slapen van blijdschap.

Een invalbeurt

Terwijl ik het voorgaande verhaal over Willem-Alexander opschreef, kwam de volgende herinnering alweer bovendrijven.

Het was een gewone dinsdagmiddag en op het huishouden en de boodschappen na had ik die dag niet veel te doen. Meestal doe ik op dat soort dagen de boodschappen rond twaalf uur. Ik liep met mijn boodschappenwagentje door de supermarkt en keek op mijn smartphone naar een recept, want ik wist niet goed wat ik moest koken die dag.

Ineens werd ik gebeld. 'Hoi, met Marc Pos,' zei de beller. 'Hoe gaat het? Stoor ik?'

Marc is een hele goede regisseur bij de televisie. Hij doet vaak grote evenementen en ik kende hem van het programma *Maestro*. Ik werkte altijd heel graag met hem en vond hem een geweldige vent. Ik zei dat ik boodschappen aan het doen was.

'Zou je over een uur naar Ahoy in Rotterdam kunnen komen?' ging hij verder. 'Niks bijzonders, maar ik heb je effe nodig voor "Land of Hope and Glory". Ken je dat?'

'Ja,' zei ik, en ik vertelde dat ik direct thuis mijn spullen ging pakken. Moest ik nog iets speciaals meenemen?

'Neem voor de zekerheid een mooie jurk mee.'

Marc had niet veel info gegeven, behalve dat een andere zangeres plotseling ziek was geworden en dat hij graag wilde dat ik voor haar inviel. Er was in ieder geval haast bij; hij zou alles aan me uitleggen wanneer ik er was.

Laconiek ging ik naar huis. Ik pakte mijn koffer met mijn make-up en jurk in. Een halfuur later zat ik in de auto naar Rotterdam. Binnen een uur was ik van de supermarkt in Ahoy. Daar vroeg ik bij de ingang naar Marc Pos. Er stonden grote tv-vrachtwagens met veel snoeren en techniek. Het was een grote drukte en iedereen leek zenuwachtig.

Marc kwam me tegemoet, blij dat ik er was. 'Wat een geluk dat je zo snel kon komen. Hier is een Nederlandse tekst op "Land of Hope and Glory". Leer die even uit je hoofd en kleed je snel om. Over een uur moet je het zingen op dat podium daar.'

Ik zag een enorme zaal en hoorde geroezemoes en gejoel van een grote groep kinderen bij muziek van Ronnie Flex. Waar was ik in terechtgekomen?

De visagiste legde het uit. Ze waren al de hele dag bezig voor deze tv-registratie van het *Kerst Muziek Gala*. Dat is een muzikaal feest om meer bekendheid te geven aan de stichting 'Meer muziek in de klas'. Beschermvrouwe van deze stichting is koningin Máxima. En ja, ze zat op de eerste rij. Ik moest het nummer zingen aan het einde van het gala, als slot van het concert. Snel werd ik opgemaakt en ik schoot in mijn jurk. Ondertussen probeerde ik me de nieuwe tekst eigen te maken.

Ik ging klaarstaan en zag andere artiesten op en af gaan. Gek genoeg bleef ik vrij kalm. Door programma's als *Maestro* en het *Knoop in je zakdoek*-gala was ik al een beetje gewend geraakt aan tv-opnames.

Marc kwam naar me toe en nam me mee naar de zijkant

van het podium. Op de bok stond Dominic Seldis, ook bekend als jurylid van het programma *Maestro*, het orkest te dirigeren. Ik moest naar de stip op de grond lopen, rechts van Dominic, dan stond ik meteen in het goede licht. De rest zou vanzelf gaan.

Ahoy is overweldigend groot en ik begreep nu waarom Marc aan de telefoon zo weinig informatie had gegeven. Als ik namelijk van tevoren had geweten dat ik binnen twee uur moest zingen voor de tv en voor zesduizend kinderen én koningin Máxima, had ik de gilzenuwen gekregen. Nu bleef ik betrekkelijk kalm en vond dit hele gebeuren eigenlijk wel stoer: ik was blijkbaar zo professioneel geworden dat je mij gewoon last-minute op het toneel kon zetten.

Dominic kondigde me aan en ik liep naar de stip. Vlak voor het podium zag ik Máxima zitten, met die stralende glimlach die heel Nederland van haar kent. Ik zette in en zong zo goed mogelijk. Máxima en de zesduizend kinderen zongen mee.

Toen ik klaar was, liep ik het podium af. Ik bedacht dat ik toch wel een heel wonderlijk leven had. Het ene moment zat ik met mijn neus in de spruitjes en het volgende moment was ik een echte diva met koninklijk publiek op de eerste rij.

Na afloop werd ik met zoveel bedankjes overladen dat ik me bijna zelf een koningin begon te voelen en ik was trots dat ik iedereen uit de brand had kunnen helpen. Toen ik mezelf later op tv terugzag, was er maar één minpuntje waar ik die middag in alle hectiek helemaal niet op had gelet: de kap- en grimeafdeling had mijn haar zo opgemaakt dat ik op de tovenaar Gargamel van de smurfen leek. Maar ach, als dat het ergste is...

Vraag het aan Francis

Ik kijk graag naar film en tv, maar ben ook een echte radioliefhebber. In de auto staat altijd de radio aan en het huis is bezaaid met radiootjes. Tegenwoordig is het helemaal gemakkelijk met je smartphone: je kunt van elke radiozender die je wilt hebben een app downloaden. En die apps worden met podcasts en Uitzending Gemist steeds beter. Zo hou ik alles bij en blijf ik op de hoogte van het nieuws.

Ik luister het liefst naar Radio 1, al zou ik natuurlijk een voorkeur voor Radio 4, de zender voor klassieke muziek, moeten hebben. Om eerlijk te zijn ben ik pas naar die zender gaan luisteren toen ik zelf mijn rubriek kreeg bij het programma *De Ochtend van 4*.

Die rubriek kreeg ik een paar jaar geleden na een optreden tijdens de Boekenweek. Bij Radio 4 hebben ze namelijk door het jaar heen een aantal themaweken: de week van de filmmuziek, de klassieke top 400 en de nationale Boekenweek. Dan wordt er uitgezonden vanuit prachtige boekhandels door het hele land en is er een link tussen het boekenweekthema en bijpassende klassieke muziek. Ik ontving een mailtje van de redactie van *De klassieken* met de vraag of ik tijdens hun uitzending live een aantal aria's kon komen zingen. Er werd me ook gevraagd of ik sommige aria's zo kon bewerken dat ze pasten bij het thema van dat jaar.

Ik weet niet meer precies wat het thema was, maar ik ging er met mooie stukken naartoe. Femke ging mee om me te begeleiden, dus het beloofde een gezellige dag te worden. Voor een musicus is het altijd eervol om bij Radio 4 te worden gevraagd om zelf te spelen of te zingen. Dat geeft je statuur als musicus. Ik wilde de kans dus aangrijpen om mezelf goed te presenteren voor het echte klassieke muziekminnende publiek.

De uitzending werd gemaakt in boekhandel Grand Theatre in Breda. Tussen alle boeken was er in de centrale ruimte plaats voor publiek. Op een podium stond een tafel met microfoons en techniek. Daar zaten de presentatoren van de twee aansluitende programma's: *De Ochtend van Vier* en *De Klassieken* met de presentatoren Margriet Vroomans en Ab Nieuwdorp. Margriet had ik een keer eerder ontmoet bij een evenement in de Gashouderfabriek in Amsterdam, bij het Leerorkest. Daar presenteerde zij toen ook en we hadden een leuk gesprek gehad. Ik stelde me opnieuw voor en ze herkende me meteen.

Het programma begon en ik zong mijn stukken. Daartussendoor werd ik geïnterviewd. Dat ging me prima af, want even iets vertellen over muziek of over mijn interesses heb ik nooit moeilijk gevonden. Het publiek was enthousiast en Femke en ik werden, telkens als we op het podium kwamen, met luid applaus ontvangen. Tussen onze liveoptredens door klonk ook gewoon de klassieke muziek die de radioprogramma's de ether in stuurde. Het is tenslotte een radiozender die muziek draait. En die muziek klonk tegelijkertijd prachtig door de ruimte.

Een van de stukken die Margriet aankondigde, kwam

uit de soundtrack van de film *Cinema Paradiso*. Toevallig is dat ook een van mijn lievelingsnummers. En omdat de film een absolute favoriet van me is, begon ik het publiek uit de doeken te doen waarom ik die film zo mooi vond. Terwijl de muziek speelde, gaf ik een samenvatting van het verhaal.

Het jongetje Totò groeit op in het Sicilië van de jaren veertig, bezeten van de bioscoop en alle films die daar draaien. Een prachtige scène laat zien hoe de plaatselijke pastoor de films censureert door elke keer als hij een kus of een erotische omhelzing ziet een belletje te rinkelen. De filmprojecteur knipt die kus er dan uit. Ondertussen maakt Totò van alles mee terwijl hij opgroeit. Maar op het eind van de film, wanneer hij een oude cynische filmregisseur is geworden, keert hij terug naar zijn geboortedorp. Van zijn lieve oude vriend erft hij een filmrol. Daarop blijken alle gecensureerde kussen te staan van alle oude films, die hij voor Totò aan elkaar heeft gemonteerd.

Na mijn enthousiaste verhaal kwam de hoofdredacteur van *De Ochtend van 4* naar me toe. Het viel haar op dat ik zo kort en bondig kon vertellen en ze vroeg of ik niet een keer bij hen op de redactie kon komen praten. Ze waren namelijk altijd op zoek naar leuke verhalen voor bij klassieke muziek, zeker omdat de zender van zijn vermeende highbrowgehalte af wilde. Klassieke muziek moest toegankelijker worden gemaakt, dat zou wellicht meer luisteraars trekken uit verschillende doelgroepen.

Ik was zeer geïnteresseerd en de week daarop ging ik naar Hilversum. Daar had ik een leuk gesprek met Margriet, die het ochtendprogramma presenteert, en met de hoofdredactrice Mariëlle. We spraken af dat ik in de rustige zomermaanden een paar keer langs zou komen als zomergast. In zes uitzendingen kon ik mijn favoriete muziekstukken laten horen, die allemaal een link hadden met zomer.

Wat een uitgelezen kans was dit. Ik was altijd een beetje jaloers geweest op de genodigden van het tv-programma *Zomergasten*. Zij konden een avond lang hun favoriete film- en tv-fragmenten laten zien. Het was helemaal te gek om dit nu zelf te mogen doen met mijn lievelingsmuziek.

Dus ging ik een paar keer naar de studio. We namen de items van tevoren op, dan kon de redactie bekijken hoe de muziek het best in de uitzendingen zou passen. Mijn onderdeel werd op een vast tijdstip uitgezonden, zodat de mensen aan me konden wennen. De hoofdredactrice legde uit dat radioluisteraars een vast stramien van luisteren hebben; nieuwe dingen moet je er langzaam in masseren.

Die zomer liet ik de luisteraars van alles horen. Telkens

hadden we een onderdeel bedacht dat met de zomer te maken had: zee, Italië, lekker eten, enzovoort.

Tijdens de opnames babbelde ik erop los. Ik kon mijn enthousiasme goed kwijt. De wisselwerking met Margriet was ook erg leuk. We bleken dezelfde interesses te hebben en zij citeerde vaak grappen van Van Kooten en De Bie. Met deze geweldige satirici was ik opgegroeid en ik heb bijna alles van hen thuis op dvd. Verder spraken we veel over actualiteit. Door Margriets journalistieke ervaring bij programma's als RTL *Nieuws* en *Tros Kamerbreed* wist zij veel over de achtergronden van politiek en actualiteit. Ik smulde van die verhalen.

Na die zes weken hadden we een evaluatiegesprek. Het item was goed gevallen bij de luisteraars; ze hadden positieve reacties gestuurd. Er werd me gevraagd of ik het leuk zou vinden om wekelijks een vaste rubriek te hebben binnen het programma. Ze dachten aan iets waaraan interactie te pas kwam met het publiek. Ik zou dan een vraagbaak worden voor allerlei dingen die te maken hebben met klassieke muziek, uitvoeringen en achter de schermen bij de concerten. Omdat ik zelf een uitvoerend musicus was en veel anekdotes kon vertellen was ik hier geknipt voor, vonden ze.

Ik greep het aanbod met beide handen aan. Op maandagochtend om kwart voor negen kreeg ik vijf minuten tijd in de uitzending. Margriet werd mijn vaste aangever. De rubriek kreeg de naam 'Vraag het aan Francis' en ik werd de Lieve Lita van Radio 4.

Elke week beantwoordde ik de meest uiteenlopende vragen. Daarbij zocht ik dan een toepasselijk muziekstuk dat met de vraag te maken had. Hiervoor moest ik voor de uitzending steeds overleg hebben met een redacteur en zocht ik van alles uit wat met de vraag te maken had, want hoewel het op de radio leek alsof ik alles wist en antwoorden op vragen zo uit mijn mouw schudde, moest ik veel uitzoeken en bijleren.

Elke week kwam ik live in de studio en maakte daarna ook de redactievergaderingen mee. Als vanzelf leerde ik hoe een radioprogramma gemaakt wordt. Ik vind radio nog steeds een geweldig medium, dat de luisteraar volop ruimte geeft voor fantasie. Radio is minder ingeblikt dan tv en er zijn veel momenten voor improvisatie.

Nu ga ik alweer mijn vijfde jaar in als gast bij *De Ochtend van Vier*. En ik ben toe aan mijn vierde rubriek. Want na 'Vraag het aan Francis' heb ik ook de rubrieken 'Aria Varia' en 'Lied van de Week' verzorgd, over de tophits uit de operaliteratuur en het liedrepertoire. Momenteel heb ik de rubriek 'Visie van Francis', waarin ik de dagelijkse actualiteit verbind met gebeurtenissen die in de opera ook al worden verteld. Al deze rubrieken hebben ook een podcastserie voortgebracht, waarin Margriet en ik dieper op bepaalde onderwerpen of componisten konden ingaan.

Door al het werk dat ervoor nodig was om deze rubrieken en podcasts te maken, heb ik in de afgelopen vijf jaar veel bijgeleerd over muziek, musici en componisten. Daarnaast durf ik te zeggen dat ik door mijn radio-optredens meer respect heb gekregen vanuit mijn eigen werkveld. Als jonge zangeres kreeg ik vroeger wel te horen dat ik me meer moest gedragen als een operazangeres, of dat ze me niet goed konden plaatsen omdat ik altijd zo grappig was. Hoe kon een grappige operazangeres nou serieus haar vak uitoefenen? Ik wist nooit hoe ik duidelijk moest maken dat humor en vakkennis elkaar juist niet bijten en dat het ook niets zegt over hoe serieus ik de muziek en mijn vak neem.

Sinds ik bij Radio 4 op een laagdrempelige, humoristische, maar tevens goed gedocumenteerde manier klassieke muziek probeer van kaders te voorzien, merk ik bij mijn vakgenoten een omslag op: ik word nu wél serieus genomen, en soms komt me ter ore dat grote instellingen zoals De Nationale Opera mij een goede ambassadeur voor klassieke muziek en opera vinden.

Een bijzonder en tegelijkertijd ambivalent compliment van de laatste jaren is dat ik een verbindende schakel zou zijn tussen hoge en lage cultuur. Ik snap het compliment, maar zelf zie ik geen verschil tussen hoog en laag. Ik zie en voel alleen dingen die ik mooi en gaaf en ontroerend vind. Dat kan een opera zijn van Puccini, een film van Visconti, een film zoals *The Naked Gun*, of een heel mooi popliedje. Schoonheid zit in van alles. Bovendien vind ik het belangrijk om mensen met allerlei kunst- en cultuurvormen kennis te laten maken. Met mijn rubriek bij de radio heb ik die mogelijkheid gekregen; een kans waar ik Margriet en Mariëlle, de hoofdredactrice, altijd dankbaar voor zal blijven!

To BN'er or not to BN'er?

'Hoe is het nou om bekend te zijn?' Die vraag krijg ik de afgelopen twee jaar vaak in interviews. Ik antwoord altijd dat het nooit mijn ambitie is geweest om BN'er te worden. Ik wilde altijd een goede operazangeres worden en zijn.

En gelukkig heb ik heel vaak mooie producties mogen doen waarin ik ook het gevoel kreeg dat ik mijn vak goed uitoefende. Maar ik zou liegen als ik zeg dat ik het niet enorm vleiend vind om te worden uitgenodigd voor media-optredens, of dat nu radio is, interviews voor kranten of televisieprogramma's. En ik vind een heleboel bekende mensen erg leuk.

Dus toen ik gevraagd werd voor programma's als het *Knoop*-gala en *Maestro* zei ik meteen ja. Ik kon daar optreden als zangeres en me presenteren aan een veel groter publiek dan in het theater. Hoe bekender je bent bij de mensen, hoe meer kaarten je verkoopt voor theatervoorstellingen. Zo werkt het nu eenmaal. Je bent als zangeres je eigen product. Maar ik had nooit kunnen denken dat de coronapandemie, waarin vrijwel alles stil kwam te liggen en de kunst-en-cultuursector in zwaar weer terechtkwam, mij zo op het paard van de bekendheid zou tillen.

Vóór de pandemie was er al een kleine aanzet gegeven

voor meer bekendheid door het RTL4-programma *All Together Now*, waarin elke week zangers streden om een grote geldprijs. Ze hoefden alleen maar de meeste van de aanwezige juryleden zover te krijgen dat ze opstonden, en degene met de meeste punten won de prijs. De jury bestond uit honderd zangprofessionals uit alle zanggenres die er maar te verzinnen waren: popmuziek, country & western, rap, nederpop, musical enzovoort.

Ik was in dat programma jurylid voor het genre opera. Elke week kwam ik in mijn mooiste jurken op tv. Ik gedroeg me zoals ik me altijd gedraag: ik praat vrij plat en geef mijn eerlijke mening. Maar ik ben ook heel enthousiast en kom met opbouwende kritiek. Vaak liep presentatrice Chantal Janzen even bij me langs om mijn mening te vragen. Het publiek dacht eerst dat ik een soort fake-typetje was, maar na een paar weken zagen ze dat ik gewoon zo ben en met de nodige humor een leuke bijdrage leverde aan het programma.

Al snel zag ik als ik in winkels kwam mensen naar me staren, omdat ze nog niet zeker wisten of ik het echt was. Ik merkte een effect van bekendheid bij de aanvragen die ik kreeg voor optredens. Dat was een prettige bijkomstigheid. En als ik mijn eigen theatervoorstelling deed, hoefde ik niet meer uit te leggen wie ik was en de mensen op het hart te drukken dat ze echt een leuke avond zouden krijgen.

Grote bekendheid heb ik denk ik gekregen door mijn deelname aan het quizprogramma *De slimste mens*. Daar wilde ik graag aan meedoen, maar door mijn drukke werkschema had ik er nooit eerder tijd voor gehad. En ineens kwam de eerste lockdown. Wat een geluk dat ik in die hele stille dagen toch nog íéts kon verdienen. Het voelde niet als optreden, maar in wezen was het dat natuurlijk wel. Ik hoopte maar dat ik niet al na één aflevering zou afvallen. Dat zou ik echt mijn eer te na vinden.

Al met al wist ik vijf keer mee te doen. Elke aflevering was een kans om aan het grote publiek te vertellen wat mijn beroep was en hoe belangrijk muziek, kunst en cultuur zijn. Daarnaast kon ik laten zien hoeveel ik wist. Elke avond keken er meer dan een miljoen mensen. Ik durfde thuis niet op Twitter te kijken, want vaak staan daar negatieve commentaren op en die wilde ik niet lezen. Maar mijn vrouw Jacqueline zei me dat ik het makkelijk kon lezen, want 98 procent van de commentaren was positief.

Mensen moesten eerst aan me wennen, maar al snel gingen ze voor me duimen. Ik moest ook naar de finaleweek van de quiz gaan, vonden ze. Toen dat inderdaad gebeurde en ik telkens weer een ronde verder kwam, werd het in de media ook steeds gekker. Ik kreeg heel veel interviewaanvragen. Wie was ik nou eigenlijk? Waar kwam ik ineens vandaan? Allerlei vragen. Daarnaast werd ik bedolven onder de reacties en de mails. Ik wist dat het programma een grote schare fans had, maar ik had nooit verwacht zover te komen.

Ik werd derde van het seizoen en sindsdien kon ik niet meer gewoon over straat. Het leek wel of iedereen naar de finale had gekeken. Iedereen vond me leuk, grappig en lief. Ik werd door tv-producenten uitgenodigd om programmaformats te bespreken. Talkshows belden steeds op en vroegen of ik over allerlei onderwerpen kon komen praten. En ik ging er met boter en suiker in.

Mijn optredens kwamen langzaam weer op gang, maar net toen het culturele leven misschien weer open zou gaan laaide het virus opnieuw op. We gingen een tweede lange lockdown in. Wat een geluk dat ik nu de tijd had om op tv te kunnen verschijnen en daar zo nu en dan wat mee te verdienen. Al geloof ik dat je pas echt goed kunt verdienen als je een vast contract krijgt aangeboden. Zover is het bij mij niet gekomen en heel vaak moest ik er goed over nadenken of ik iets wel of niet wilde doen. Ik was op een gegeven ogenblik wel erg vaak op tv, want dan wist ik niet dat opnames die met twee maanden tussenruimte waren gemaakt ineens in hetzelfde weekend werden uitgezonden. Ik heb echt moeten leren hoe ik mijn aanwezigheid op tv moet doseren.

Toen ik bekender werd, merkte ik dat alles wat ik op mijn social media zette meer nieuwswaarde kreeg. Als je bekend wordt, geven de media je woorden ineens meer gewicht. Dat is soms best lastig te begrijpen, want ik ben voor mijn gevoel nog steeds dezelfde Francis.

Iets anders wat lastig is, is dat mensen zich tegenover een bekend iemand soms anders gaan gedragen. Dat geldt niet voor mijn eigen vrienden natuurlijk, die zien mij gewoon als degene die ik ben en vinden het leuk als ze me op tv zien. Maar mensen die verder van me af staan, kunnen het ineens interessant vinden om mij te kennen en daar tegenover anderen hoog van op te geven. Soms slaat het door naar de andere kant. Dan krijg ik opmerkingen dat ik niet naast mijn schoenen moet gaan lopen en echt niet moet denken dat ik meer ben dan een ander. Een derde groep bestaat uit mensen die ik helemaal niet ken, maar die aan anderen vertellen dat ze bij mij in de klas hebben gezeten, of dat ze me nog goed kennen van vroeger.

Als ik moet beschrijven hoe het is om bekend te worden, kan ik dat vergelijken met een geweldige snoepwinkel binnenkomen. In het eerste jaar heb ik enorm veel gesnoept en van alles mogen proeven. In het tweede jaar werd ik soms misselijk en moest ik bijkomen van de overweldigende aandacht die ik kreeg. Nu ik weer een aantal maanden heb mogen optreden in het theater, ben ik enigszins terug in balans. Dan merk ik ook dat de combinatie van optredens op tv en in het theater elkaar juist kunnen versterken.

Op dit moment is er tijd om alles wat ik in de afgelopen twee jaar heb beleefd te verwerken en een plaats te geven. Dit boek schrijven draagt daaraan bij. Ik leer steeds meer wat ik echt belangrijk vind in mijn leven, en langzaamaan accepteer ik mijn nieuwe status als bekende Nederlander. Ik hoop in de toekomst een mooi evenwicht te bereiken. Zingen op het toneel zal altijd mijn grootste passie blijven. Andere mediaoptredens kies ik met zorg uit, want het is heerlijk om te voelen dat je geliefd bent bij je publiek, dat zal ik niet ontkennen.

To BN'er or not to BN'er is dus de vraag niet meer. Ik voel nu veel meer voor de tekst uit de musical *The Greatest Showman*:

Look out, because here I come. And I am marching on
to the beat I drum.
I am not scared to be seen. I make no apologies,
This is me!

Thuis

Misschien zou u wel nog wel veel meer willen weten over hoe het leven samen met mijn vrouw is. Ik weet in ieder geval dat de bladen zoals de *Story*, de *Weekend* en de *Party* er altijd naar vragen. Sappige verhalen om te kunnen lezen in de wachtkamer bij de huisarts. Verhalen over onze eerste ontmoeting. Over onze prachtige trouwdag. Over waar we op vakantie gaan. Over onze dagelijkse bezigheden. Ik vertel ze meestal dat ze niet met grote fotocamera's bij ons in de tuin hoeven te gaan liggen. Wij leven een redelijk gewoon en lief leven zoals veel Nederlanders. Daarnaast heeft mijn vrouw niet voor een leven in de spotlights gekozen. Vandaar dat ze niet veel in dit boek voorkomt. Soms kon ik er natuurlijk niet onderuit. Maar ik heb geprobeerd, uit respect voor haar keuzes en wensen, om het niet allemaal de wereld in te gooien.

Het volgende wil ik er wel over kwijt.

Omdat mijn leven altijd doorregen is met muziek en mooie teksten komt er, als ik denk aan mijn vrouw en hoe ik me thuis voel, het volgende lied in me naar boven: 'The Wind Beneath My Wings' heet het. Het lied komt uit de film *Beaches* met Bette Midler en Barbara Hershey. Het gaat over een levenslange vriendschap tussen twee vrouwen. Bette Midler speelt een gevierde zangeres en Barbara Hershey speelt de vrouw met een 'normaal' leven. Samen maken ze van alles mee en op een gegeven moment zingt Bette Midler de volgende tekst die in het Nederlands heel mooi is vertaald door Paul de Leeuw:

Waarschijnlijk heeft niemand in de gaten
Hoe jij met me meereist in mijn hart
Hoeveel ik werkelijk van je hou, want dat doe ik
Ik zou niet meer kunnen zonder jou
Maar weet je dan niet dat jij me kracht geeft
Mijn zon in mijn hemelsblauwe lucht
En jij bent degene die alle macht heeft
Want jij bent de vleugels van mijn vlucht...

Nawoord

Ik wist niet dat het me zou gaan lukken om alle verhalen die ik me op dit moment kan herinneren op te kunnen tekenen. Het was een reis langs mijn verleden en soms werkte het ineens enorm therapeutisch. Ik heb gaandeweg moeten leren wat ik precies aan jullie kwijt wil. En nog belangrijker: wat nou precies mijn verhaal was. Het filteren van allerlei familieverhalen en verhalen vanuit mijn werkzame leven was een oefening; een oefening om eerlijk te zijn over mijn gevoelens zonder anderen te willen kwetsen of in een kwaad daglicht te stellen. Toch wilde ik sommige lastige momenten in mijn leven kunnen opschrijven. Ik heb daarom geprobeerd zo veel mogelijk mijn eigen ervaringen te schetsen. Niets van wat ik heb opgeschreven is verzonnen. Het is in mijn beleving allemaal zo gebeurd zoals het er staat. Dat neemt natuurlijk niet weg dat als mensen zich herkennen in mijn verhalen, ze misschien een hele andere ervaring hebben gehad. Ik zou ze aanraden het allemaal vanuit hun beleving op te schrijven. Het werkt namelijk heel helend en je kunt het echt een plek geven. Tot zover al deze verhalen. Op naar nieuwe verhalen! Wie weet tot een volgend boek…